本書の構成と使い方

この本では中学1～2年の英文法をベースに英語特有の語順を身に付け、
「通じる英語」の土台を固めます。
そして多様なトレーニングを鬼のようにこなすことによって、
正しい英語が自然な速さで口から出てくるようになることを目指します。
34に分かれたLessonはそれぞれ次のような流れになっています。
(導入部のLesson1だけ少し長めです)

挑 戦! = まずは今の自分の英語力、英文法の知識がどのくらいあるか試します。

↓

知 る! = うろ覚えの英文法の知識もしっかり整理され、記憶に定着します。

↓

鬼トレ = 数々のトレーニングで、英文を自分で組み立てられるようになります。

★各Lessonの学習には一度ならず、何度も繰り返し取り組んでください。
　その先には「通じる英語」が待っています。

★英文法の解説コーナーでは、以下の3人が対話しながら学習が進みます。

高山先生
本書のナビゲーターの大学教授。日本人学習者にありがちな「日本語の語順のまま英語に訳して話す癖」をなんとかしたいと思っている。

サキ　　　ヒロ
今年入学したばかりの大学生コンビ。2人とも英語が大の苦手で、なんとかしたいと高山先生の教え子である友達に紹介してもらい、先生を訪ねてきた。

挑戦！

高速組み立てチャレンジ！

まずは、各Lessonで学ぶべき英文法がどのくらいすでに身に付いているか確認。
制限時間内で日本語を正しい英文で言ってみましょう。

- 制限時間を守って挑戦しよう。
- 答え合わせで自分が言えない個所をチェック！
- 解答例の音声で確認しよう。
- Lessonを一通り終えたら、再度チャレンジして進歩を確認しよう。

Lesson 2　英語では「主語」が必要不可欠

「電車に乗ります」「学校に行きます」など、日本語では主語を省略するのが普通ですが、英語では主語が無かったら、とんだ誤解を招くかも…。

Take a train.　Go to school.

高速組み立てチャレンジ！　必ず制限時間内に！　90秒

次の日本語の文から省略されている主語「誰が」をあぶり出し、「誰が」「どうする」「何を」だけを瞬時に抜き出して声に出そう。そのあとですぐに英文に直してみよう。

（解答例は25ページ）

例　朝食の後で 新聞を 読みます。
　　→「私は 読みます 新聞を」⇒ I read the newspaper.
1. 歴史を 勉強しています。→
2. ジョン（John）を 知っています。→
3. 日本語を 話します。→
4. 3匹のイヌを 飼っています。→
5. 毎晩 テレビを 見ます。→
6. 寝る前に お風呂に 入ります。→
7. 夏が とても 好きです。→
8. いつも 近くの体育館で バドミントンを します。→
9. スパゲティが 大好きです。→

20

知る！

Today's Mission

そのLessonで身に付けるべき英文法のテーマについて簡潔にまとめています。本書を一通り学習した後、テーマのポイントを確認したい時は、このページに戻りましょう。

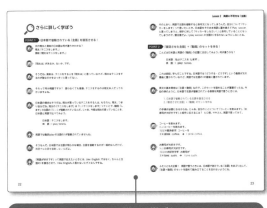

さらに詳しく学ぼう

Today's Missionで示したテーマをさらにかみ砕いて説明。日本人が間違えたり誤解したりしやすいポイントなども含め、詳しく説明します。
高山先生とサキとヒロの対話形式の講座だから読みやすく、内容がどんどん頭に入っていくはず。

7

鬼トレ

高速組み立てトレーニング

音声とチェックシートの組み合わせでさまざまな英文をすばやく自然な速さで組み立てるトレーニングを行います。

●多彩なトレーニングで飽きる暇もなし

学ぶテーマによって、さまざまなスタイルの最適トレーニングを用意しました。

手順に添って、学習を進めていきましょう。
初めはできなくても繰り返し鬼トレを積んでいけば必ず、正しい英語が自然な速さで口について出てくるようになります。

高速組み立てトレーニング

> 練習するときは、赤色シートをかぶせてやってみてね。

🐾 高速英語の語順でツッコミトレーニング 🔊

> 手順1 日本語の文の音声をそのままリピートしよう。
> 手順2 「誰が?」「どうする?」「何を?」のようなツッコミの質問が聞こえたら、瞬時に日本語で答えよう。
> 手順3 「English!」という指示が聞こえたら、「誰が」「どうする」「何を」だけを取り出した日本語の文を瞬時に英語に言い換えよう。

例 毎朝 牛乳を 飲みます。
🐾 誰が? → 私は
🔔 どうする? → 飲みます
🐾 何を? → 牛乳を
🔔 English! → I drink milk.

1 土曜日の午前中に ピアノを 練習します。
🐾 誰が? → 私は
🔔 どうする? → 練習します
🐾 何を? → ピアノを
🔔 English! → I practice the piano.

2 英語と中国語を 少しだけ 話します。
🐾 誰が? → 私は
🔔 どうする? → 話します
🐾 何を? → 英語と中国語を
🔔 English! → I speak English and Chinese.

3 放課後 図書館で 数学を 勉強します。
🐾 誰が? → 私は
🔔 どうする? → 勉強します
🐾 何を? → 数学を
🔔 English! → I study math.

4 毎朝 東京駅まで 電車に 乗ります。
🐾 誰が? → 私は
🔔 どうする? → 乗ります
🐾 何に? → 電車に
🔔 English! → I take a train.

24

Lesson 2　英語に不可欠な「主語」

🐾 高速変換トレーニング：日本語→英語 🔊

> 手順1 聞こえてくる日本語の文を英語の語順に沿って言ってみよう。
> 手順2 「English!」という指示が聞こえたら、英語で言ってみよう。

例 ネコが 大好きです。
🗨 英語の語順で言ってみよう
　　誰が　どうする・どうです　何が
→ [私は] [大好きです] [ネコが]
🔔 English!　　→ [I] [love] [cats].

1 コーヒーを 飲みます。
🗨 英語の語順で言ってみよう
　　誰が　どうする・どうです　何を
→ [私は] [飲みます] [コーヒーを]
🔔 English!　　→ [I] [drink] [coffee].

2 卓球を します。
🗨 英語の語順で言ってみよう
　　誰が　どうする・どうです　何を
→ [私は] [します] [卓球を]
🔔 English!　　→ [I] [play] [table tennis].

3 クラシック音楽を 聴きます。
🗨 英語の語順で言ってみよう
　　誰が　どうする・どうです　何を
→ [私は] [聴きます] [クラシック音楽を]
🔔 English!　　→ [I] [listen to] [classical music].

4 法律を 勉強しています。
🗨 英語の語順で言ってみよう
　　誰が　どうする・どうです　何を
→ [私は] [勉強しています] [法律を]
🔔 English!　　→ [I] [study] [law].

🐾 高速レスポンス 🔊

> 手順 聞こえてくる日本語の文を、瞬時に英語に言い換えよう。ポーズの後で解答例が流れます。

例 野球が 好きです。　　→ I like baseball.

🗨 英語で言ってみよう!
1 シンガポールが 大好きです。　→ I love Singapore.
2 あなたの血液型を 知っています。　→ I know your blood type.
3 そのアプリを 使っています。　→ I use that app.
4 スペイン語を 教えています。　→ I teach Spanish.

🐾 高速組み立てチャレンジ! の解答例

1. [私は] 勉強しています 歴史を ⇒ I study history. 2. [私は] 知っています ジョンを ⇒ I know John. 3. [私は] 話します 日本語を ⇒ I speak Japanese. 4. [私は] 飼っています 3匹のイヌを ⇒ I have three dogs. 5. [私は] 見ます テレビを ⇒ I watch TV. 6. [私は] 入ります お風呂に ⇒ I take a bath. 7. [私は] 好きです 夏が ⇒ I like summer. 8. [私は] します バドミントンを ⇒ I play badminton. 9. [私は] 大好きです スパゲティが ⇒ I love spaghetti.

25

●最後は高速レスポンスで仕上げ

聞こえてくる日本語を瞬時に英文に言い換える実践的なトレーニング。
これをクリアすれば、そのレッスンは完成と言えるでしょう。

↓

ここでLesson冒頭の「高速組み立てチャレンジ!」に再度挑戦してみましょう。
自分の上達ぶりが如実に分かるはずです。

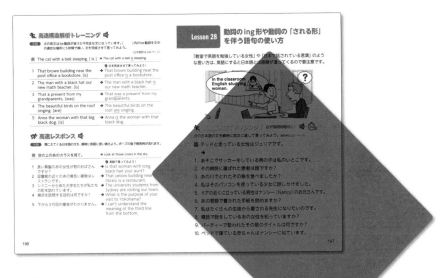

チェックシート

必ず音声を聞きながら、赤シートで答えとなる赤い文字を隠して「高速組み立てトレーニング」に挑戦しましょう。

音声を聞けない場合でも、チェックシートで隠して英語を自然な速さで口に出して言ってみましょう。

音声ダウンロードについて

本書の音声はすべて、アルクの「ダウンロードセンター」またはスマートフォン・アプリ「ALCO」よりダウンロードしていただけます（どちらも無料です）。

◇アルク「ダウンロードセンター」

https://www.alc.co.jp.dl/

◇スマホで音声の再生ができるアプリ「ALCO」

https://www.alc.co.jp.alco/

上記URLでインストール後、「ALCO」内で「アルクダウンロードセンター」にアクセスしダウンロードしてください。

※本書では、収録音声について、トラック1であれば 001 のように表示しています。

ダウンロードセンターおよびALCOの内容は、予告なく変更する場合がございます。あらかじめご了承ください。

Lesson 1　英語の語順にはルールがある

導入部のLesson 1 だけ少し長めです

「私はピアノを弾きます」は、主語や動詞の語順が入れ替わっても日本語では同じ意味です。でも、英語では1つの言い方しかできません。

Piano play I.

🏃 **高速組み立てチャレンジ!** 必ず制限時間内に!　　001　⏱90秒

日本語の文から「誰が」「どうする」「何を」だけを瞬時に抜き出して日本語で言ってみよう。そのあとすぐに、抜き出した日本語を英文に直してみよう。(解答例は18ページ)

例 サキは 毎日図書館で 数学を 勉強します。

　→「サキは」「勉強します」「数学を」⇒Saki studies math.

1. 中国語を 放課後 私は 勉強します。→

2. 毎朝 牛乳を 私たちは 飲みます。→

3. あなたは 毎月 スパゲッティを そのレストランで 食べます。→

4. 毎週 土曜日に 僕たちは 友達と サッカーを します。→

5. 毎晩 すてきな女性と ワインを 私は バーで 飲みます。→

6. テレビを 毎晩 ルーシー (Lucy) とアダム (Adam) は リビングで 見ています。→

7. 毎朝 シャワーを 私は 浴びます。→

8. とても上手に あなたは ギターを 弾きます。→

9. 公園で毎週 アイスクリームを サキとカナは ヒサシと 食べます。→

Today's Mission 「主語＋動詞」の語順を厳守せよ！

ケンが 私の魚を 食べた 。
Ken ate my fish.

POINT 1 **日本語と違って、英語は語順に厳格！**
日本語では文中の単語の並べ方に関する規則がゆるやかで、何通り
もの言い方ができます。ところが、英語は語順の規則が厳格なので
1通りしか言えないのです。

　　　　　　　　日本語　　　　　　　　　　英語

ケンが　私の魚を　食べた 。

私の魚を　ケンが　食べた 。

ケンが　食べた　私の魚を。　　= Ken ate my fish.

私の魚を　食べた　ケンが。

POINT 2 **英文の基本骨格は「主語＋動詞」！**
日本語では「どうする・どうです」という動詞が文の最後に置かれ
るのが普通ですが、英語では「動詞」を主語の次に置きます。

私は　毎週日曜日に　公園で　野球を　します 。

I play baseball in the park every Sunday .

誰が（主語）⇒どうする（動詞）

さらに詳しく学ぼう

POINT 1 ▶ 日本語と違って、英語は語順に厳格！

 自分が食べるのを楽しみにしていた魚を友人のケンが食べてしまった、ということを訴えたいとき、日本語では何て言うかな？　いろいろ言ってみて。

 ケンが私の魚を食べたんです。

 私の魚をケンが食べたんです。

 ケンが食べたんです、私の魚を。

 私の魚を食べたんです、ケンが。

 食べたんです、ケンが私の魚を。

 食べたんです、私の魚をケンが。

 後半の表現は、書き言葉としてはあまりいい日本語とは言えないけど、それでもカジュアルな会話なんかではふつうに耳にするね。このように、日本語は文中の単語の並べ方に関する規則がゆるやかなので、何通りの表現で言っても相手に自分の伝えたい意味が伝わるんだ。じゃあ、英語ではどう言うかな？

 「私の魚を食べたんです、ケンが」は、「私の魚は」はmy fish、「食べた」は動詞eatの過去形のate、「ケン」はそのままKenだから、My fish ate Ken.

 「ケンが私の魚を食べた」だと、Ken my fish ate.ですね。

 残念ながら、2つともNGだよ。英語ではKen ate my fish.としか言えないんだ。日本と違って、使われている単語の順番を勝手に動かしてMy fish Ken ate.やAte Ken my fish.やAte my fish Ken.なんて言うのもダメだよ。「ケンが私の魚を食べた

んです」を英語で表すときは、「ケンが」→「食べた」→「私の魚を」の語順でないといけないんだ。この語順で文を組み立てると、Ken ate my fish. になるね。

一通りの並べ方しかダメなんて、英語は語順に厳しいですね！

多くの日本人英語学習者が頭に浮かんだ日本語表現をそのまま頭から順に英語に直してしまうんだけど、悪い癖だよ。大好物の魚を食べられたことにカンカンになって、「私の魚を食べたんです、ケンが」って日本語の表現が頭に浮かんだ場合、「私の魚を」→「食べた」→「ケンが」の順番で英語に直していって、My fish ate Ken. なんて言ってしまうと、巨大な人食い魚のホラー映画みたいになってしまうね。

My fish ate Ken.

逆に考えると、英語と違って僕たちの日本語はどうして文の中のパーツの順番を自由に動かしても相手に言いたいことが伝わるんでしょうか？

どっちが食べたほうで、どっちが食べられたほうかは、「ケン」の後ろに置かれた助詞「が」と「私の魚」の後ろに置かれた助詞「を」があることではっきりわかるよ。

なるほど。日本語では「ケン＋が」や「私の魚＋を」のセットで文を作っていくんですね。これらのセットで動くのであれば、文のどこに置いても文の意味は大きく変わらないというわけですね。

英語には日本語のような「助詞」がないんだけど、その代わり、文の中での名詞の位置によって、「〜が」や「〜を」などの意味を表しているんだ。

次のページで、日本語の文の構造の特徴を理解してから英語の文を組み立てるドリルに挑戦してみよう！

高速組み立てドリル

🏃 高速レスポンスドリル：日本語編 002

【Part 1】これから読まれる日本語の文を聞いて、問いに答えよう。

> 例 「マユはヒサシを手伝った」
> Q：「手伝ってもらったのは誰？」 ⇒(A) マユ （B）ヒサシ]

1 (A) マユ　　　　(B) ヒサシ
2 (A) マユ　　　　(B) ヒサシ
3 (A) マユ　　　　(B) ヒサシ
4 (A) マユ　　　　(B) ヒサシ

日本語文スクリプト

1 マユはヒサシに花をあげた。　　Q：花を「あげた」のは誰？
2 マユは花をヒサシにあげた。　　Q：花を「もらった」のは誰？
3 花をヒサシはマユにあげた。　　Q：花を「あげた」のは誰？
4 ヒサシにマユは花をあげた。　　Q：花を「もらった」のは誰？

【Part 2】これから読まれる日本語の文を聞いて、その内容と一致するものを選ぼう。 003

> 例 「マユはヒサシを手伝った」
> ⇒(A) Hisashi helped Mayu. （B）Mayu helped Hisashi.

1 (A) Mayu surprised Hisashi.　　(B) Hisashi surprised Mayu.
2 (A) Emma surprised John.　　　(B) John surprised Emma.
3 (A) Mayu gave Hisashi an apple.　(B) Hisashi gave Mayu an apple.
4 (A) Emma gave John an apple.　(B) John gave Emma an apple.

日本語文スクリプト

1 ヒサシをマユは驚かせた。
2 ジョンはエマを驚かせた。
3 ヒサシにマユはりんごをあげた。
4 エマはりんごをジョンにあげた。

 Part 2の3と4に関する文法はLesson 23で詳しく学ぶよ。

14

🏃 高速レスポンスドリル：英語編 📢004

【Part 1】これから読まれる英文を聞いて、その内容と一致するように（　）に適切な助詞を書いてみよう。

例 I love you. ➡ 私（ は ）君（ を ）愛している。

1 マユ（ を ）ヒサシ（ は ）手伝った。
2 マユ（ は ）ヒサシ（ を ）尊敬している。
3 アダム（ は ）絵はがき（ を ）ルーシー（ に ）あげた。
4 プレゼント（ を ）アダム（ に ）ルーシー（ は ）あげた。

英文スクリプト

1 Hisashi helped Mayu.
2 Mayu respects Hisashi.
3 Adam gave Lucy a postcard.
4 Lucy gave Adam a present.

【Part 2】聞こえてくる日本語の文を、瞬時に英語に言い換えよう。📢005
ポーズの後で解答例が流れます。

例 ケンはマユを愛している。　　　　　　➡ Ken loves Mayu.

🔊英語で言ってみよう！
1 ルーシーをアダムは愛している。 ➡ Adam loves Lucy.
2 ジョンはイチローを尊敬している。 ➡ John respects Ichiro.
3 ルーシーにマユはカラフルなハンカチ ➡ Mayu gave Lucy a colorful
をあげた。　　　　　　　　　　　　　handkerchief.
4 高山先生（Mr. Takayama）は英語の ➡ Mr. Takayama gave Hiro an
辞書をヒロにあげた。　　　　　　　　English dictionary.

さらに詳しく学ぼう

英文の基本骨格は「主語＋動詞」！

日本語と英語の「主語」と「動詞」の位置を比べてごらん。何が違うかな？

日本語：私は毎週日曜日に公園で野球をします。
英　語：I play baseball in the park every Sunday.

日本語の主語は「私は」、動詞は「します」ですよね。

そう。日本語では「どうする・どうです」という「動詞」が文の最後に置かれていて、冒頭の「主語」とずいぶんと離れているのがわかるかな？

私は　毎週日曜日に　公園で　野球を　します　。
主語　　　　　　　　　　　　　　　　動詞

ところが、英語では「主語」のIのすぐ後ろに「動詞」playが置かれているね。

I play　baseball　in the park　every Sunday　.
主語 動詞

このように、英語では「誰が」→「どうする・どうです」という情報を真っ先に提示するようになっているので、英文は「主語＋動詞」のセットを固めて組み立てていくんだよ。他の例も見てごらん。

私は　毎日　友達といっしょに　昼食を　食べます　。
I eat　lunch　with my friends　every day　.

ケンとカナは　朝に　コーヒーを　飲みます　。
Ken and Kana　drink　coffee　in the morning　.

なるほど。頭に浮かんだ日本語をそのままの順番で英語に直していくと、「誰が」→「どうする・どうです」という情報を真っ先に提示できないので、日本語自体を「誰が」→「どうする・どうです」の並びですばやくチェンジさせる必要がありますね。

そう。I play baseball.やI eat lunch.、Ken and Kana drink coffee.のように、英語の最も基本的な語順は「誰が・何が」＋「どうする・どうです」＋「誰を・何を」なんだけど、文を組み立てるにあたって最も大事なのは「誰が・何が」＋「どうする・どうです」の基本骨格を一番最初に固めることだよ。そして、playなら「何をプレイするのか」、eatなら「何を食べるのか」、drinkなら「何を飲むのか」という情報を加えていくんだ。この「何を」とか「誰を」は文法用語で「目的語」と呼ばれているよ。
さらにI play baseball in the park every Sunday.のin the parkやevery Sundayのように「どこで、いつ野球をするのか」といった時間や場所の情報を加えていくんだ。

これまではあまり語順ってものを意識していなかったけど、今度からは英語が語順に厳格だってことを意識して、英語をしゃべったり、書いたりしようと思います。

語順を強く意識するって本当に大事だよ。じゃあ、ヒロ君、これから私が言う日本語の文をリピートしてみて。その後で、その文について「誰が？」「どうする？」「何を？」「どこで？」「いつ？」ってツッコミを入れるので、それに答えてみて。じゃあ、行くよ。「私は毎晩リビングでテレビを見ます」

「私は毎晩リビングでテレビを見ます」
　　　誰が？　　➔　私は
　　　どうする？　➔　見ます
　　　何を？　　➔　テレビを
　　　どこで？　➔　リビングで
　　　いつ？　　➔　毎晩

その語順を意識して、英語に直すと
　　　誰が？　　➔　私は　　　➔　I
　　　どうする？　➔　見ます　　➔　watch
　　　何を？　　➔　テレビを　➔　TV
　　　どこで？　➔　リビングで　➔　in the living room
　　　いつ？　　➔　毎晩　　　➔　every night

このように英語の語順に沿うように、ツッコミを入れていきながら文の組み立てをするのも、すばやく正確に英文を組み立てるためのいいトレーニングになるよ。

17

高速組み立てトレーニング

練習するときは、赤色シートをかぶせてやってみてね。

高速英語の語順でツッコミトレーニング 006

手順1 日本語の文の音声をそのままリピートしよう。
手順2 「誰が?」「どうする?」「何を?」のようなツッコミの質問が聞こえたら、瞬時に日本語で答えよう。
手順3 「English!」という指示が聞こえたら、瞬時に日本語の文を英語に言い換えよう。「誰が?」「どうする?」「何を?」以外の日本語はここでは英語にしなくてもいいよ。

例 私は毎日、友だちと昼食を食べます。　🗨 言ってみよう!
- 🔔 誰が?　→ 私は
- 🔔 どうする?　→ 食べます
- 🔔 何を?　→ 昼食を
- 🔔 English!　→ I eat lunch.

---

1 夕飯の後で私はシャワーを浴びます。　🗨 言ってみよう!
- 🔔 誰が?　→ 私は
- 🔔 どうする?　→ 浴びます
- 🔔 何を?　→ シャワーを
- 🔔 English!　→ I take a shower.

---

2 田中夫妻は毎年、京都を1週間訪れます。　🗨 言ってみよう!
- 🔔 誰が?　→ 田中夫妻は
- 🔔 どうする?　→ 訪れます
- 🔔 何を?　→ 京都を
- 🔔 English!　→ Mr. and Mrs. Tanaka visit Kyoto.

---

3 私たちは毎日いっしょに夕飯を作ります。　🗨 言ってみよう!
- 🔔 誰が?　→ 私たちは
- 🔔 どうする?　→ 作ります
- 🔔 何を?　→ 夕飯を
- 🔔 English!　→ We make dinner.

高速組み立てチャレンジ! の解答例

1.「私は」「勉強します」「中国語を」⇒ I study Chinese.　2.「私たちは」「飲みます」「牛乳を」⇒ We drink milk.　3.「あなたは」「食べます」「スパゲッティを」⇒ You eat spaghetti.　4.「僕たちは」「します」「サッカーを」⇒ We play soccer.　5.「私は」「飲みます」「ワインを」⇒ I drink wine.　6.「ルーシーとアダムは」「見ています」「テレビを」⇒ Lucy and Adam watch TV.　7.「私は」「浴びます」「シャワーを」⇒ I take a shower.　8.「あなたは」「ギターを」「弾きます」⇒ You play the guitar.　9.「サキとカナは」「食べます」「アイスクリームを」⇒ Saki and Kana eat ice cream.

🏃 高速変換トレーニング：日本語➡英語 🔊007

手順1　聞こえてくる日本語の文を英語の語順に沿って言ってみよう。
手順2　「English!」という指示が聞こえたら、英語に直して言ってみよう。

例　私は ギターを 弾きます。　　　　　　誰が　　どうする・どうです　　何を
🌙 英語の語順で言ってみよう　➡ 【 私は 】【 弾きます 】【 ギターを 】
🔔 English!　　　　　　　　　➡ 【 I 】【 play 】【 the guitar 】.

1　私は サッカーを します。　　　　　　誰が　　どうする・どうです　　　何を
🌙 英語の語順で言ってみよう　➡ 【 私は 】【 します 】【 サッカーを 】
🔔 English!　　　　　　　　　➡ 【 I 】【 play 】【 soccer 】.

2　私たちは 日本語を 話します。　　　　誰が　　どうする・どうです　　　何を
🌙 英語の語順で言ってみよう　➡ 【私たちは】【 話します 】【 日本語を 】
🔔 English!　　　　　　　　　➡ 【 We 】【 speak 】【 Japanese 】.

3　彼らは 動物を 愛しています。　　　　誰が　　どうする・どうです　　　何を
🌙 英語の語順で言ってみよう　➡ 【 彼らは 】【 愛しています 】【 動物を 】
🔔 English!　　　　　　　　　➡ 【 They 】【 love 】【 animals 】.

4　学校の制服を あなたたちは 着ます。　　誰が　　どうする・どうです　　　何を
🌙 英語の語順で言ってみよう　➡ 【あなたたちは】【 着ます 】【 学校の制服を 】
🔔 English!　　　　　　　　　➡ 【 You 】【 wear 】【 school uniforms 】.

5　私は 毎日 英語を 勉強します。　　　　誰が　　どうする・どうです　　何を
🌙 英語の語順で言ってみよう　➡ 【私は】【勉強します】【英語を】【毎日】
🔔 English!　　　　　　　　　➡ 【I】【study】【English】【every day】.

6　彼女たちは 毎年 パリを 訪れます。　　誰が　　どうする・どうです　　何を
🌙 英語の語順で言ってみよう　➡ 【彼女たちは】【訪れます】【パリを】【毎年】
🔔 English!　　　　　　　　　➡ 【They】【visit】【Paris】【every year】.

7　弘と美和は ごはんを 毎朝 食べます。　誰が　　どうする・どうです　　何を
🌙 英語の語順で言ってみよう　➡ 【弘と美和は】【食べます】【ごはんを】【毎朝】
🔔 English!　➡ 【Hiroshi and Miwa】【eat】【rice】【every morning】.

8　あなたは 放課後 テニスを します。　　誰が　　どうする・どうです　　何を
🌙 英語の語順で言ってみよう　➡ 【あなたは】【します】【テニスを】【放課後】
🔔 English!　　　　　　　　　➡ 【You】【play】【tennis】【after school】.

頭に浮かんだ日本語の文の語順のまま、英語で言ってしまう悪い癖から抜け出すことができたかな。英語の基本骨格は「主語＋動詞」であり、この語順を常に意識して英文を組み立てることを忘れないように！　組み立てが瞬時にできるまでトレーニングを続けよう。

Lesson 2 英語では「主語」が必要不可欠

「電車に乗ります」「学校に行きます」など、日本語では主語を省略するのが普通ですが、英語では主語が無かったら、とんだ誤解を招くかも…。

 高速組み立てチャレンジ! 必ず制限時間内に! 🔊008 ⏱90秒

次の日本語の文から省略されている主語「誰が」をあぶり出し、「誰が」「どうする」「何を」だけを瞬時に抜き出して声に出そう。そのあとですぐに英文に直してみよう。

(解答例は25ページ)

例 朝食の後で 新聞を 読みます。

→「私は 読みます 新聞を」⇒ I read the newspaper.

1. 歴史を 勉強しています。→
2. ジョン (John) を 知っています。→
3. 日本語を 話します。→
4. 3匹のイヌを 飼っています。→
5. 毎晩 テレビを 見ます。→
6. 寝る前に お風呂に 入ります。→
7. 夏が とても 好きです。→
8. いつも 近くの体育館で バドミントンを します。→
9. スパゲティが 大好きです。→

Today's Mission ▷ 日本語で消えている「主語」を
あぶり出せ！

私はテニスをします。
I **play** tennis.

POINT 1 ▷ **日本語で省略されている「主語」を復活させる！**
「テニスをします」「英語が好きです」のように、日本語では「主語」
をいちいち言わなくても分かる場合には、省略するのが普通です。
ところが、英語では「主語」を省略しません。日本語の表現につられ
て、主語のない英文を作らないよう気をつけましょう。

(1) テニスをします。 → 私はテニスをします。 → I play tennis.
(2) 英語が好きです。 → 私は英語が好きです。 → I like English.
　　　　　　　　　↑日本語で省略されている主語をあぶり出す！

POINT 2 ▷ **「復活させた主語」＋「動詞」のセットを作る！**
英語では「誰が」→「どうする・どうです」という情報を最初に提示
します。日本語で省略されている主語を復活させたら、その主語の動
作や状態を表す「動詞」とのセットを作り、文の冒頭に置きましょう。

(1) テニスをします。
　　私はテニスをします。
　　私は＋します　テニスを
　　I ＋ play　tennis
　　　　　↓
　　I play tennis.

(2) 英語が好きです。
　　私は英語が好きです。
　　私は＋好きです　英語が
　　I ＋ like　English
　　　　　↓
　　I like English.

さらに詳しく学ぼう

POINT 1 ▶ 日本語で省略されている「主語」を復活させる！

次の翔太と美咲の日本語は何が違うかわかる？
翔太「テニスをします。」
美咲「翔太はテニスをします。」

「翔太は」があるか、ないか、です。

そうだね。美咲は、テニスをする人を「翔太は」と言っているけど、翔太はテニスをするのが誰なのかをはっきりと言ってない。

それって何か問題ですか？　言わなくても普通、テニスをするのは翔太本人だってわかりますよね。

日本語の場合はそうだね。翔太が言っているテニスをする人は、もちろん、翔太、つまり自分だね。翔太の「テニスをします」は「私はテニスをします」ってことで、動詞「します」の主語の「私は」が省略されているんだ。じゃあ、今度は翔太の言っていることを、日本語と英語で比べてみよう。

> 日本語：テニスをします。
> 英　語：I play tennis.

英語では動詞playの主語のIが省略されていませんね。

そうなんだ。日本語では主語が明らかな場合、主語を省略するのが一般的なんだけど、英語では主語を省略しないんだよ。

「英語が好きです」って英語で伝えたいときには、Like English.ではなく、ちゃんと主語のIを復活させて、I like English.と言わないとダメなんですね。

そのとおり。英語で主語を省略すると命令文になってしまうんだ。自分について「サッカーをします」って言いたいとき、日本語をそのまま英語に置き換えてPlay　soccer.と言ってしまうと、相手に対して「サッカーをしなさい！」と命令していることになってしまうので、要注意だよ。I play soccer.の主語のIを忘れないようにしないとね。

POINT 2　「復活させた主語」＋「動詞」のセットを作る！

こんどは日本語と英語の「動詞」の位置に注目してみよう。何が違うかな？

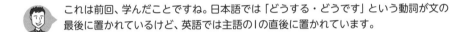
　　　　日本語：私はテニスを します 。
　　　　英　語：I play tennis.

これは前回、学んだことですね。日本語では「どうする・どうです」という動詞が文の最後に置かれているけど、英語では主語のIの直後に置かれています。

英文の基本骨格は「主語＋動詞」なので、このセットを固めることが重要だったね。今回の例のように、日本語で主語が省略されている表現を英語で言うときには、

　　1. 日本語で省略されている主語を復活させる
　　2.「復活させた主語」＋「動詞」のセットを作る

の手順が必要になるからね。じゃあ、自分のことについて「コーヒーを飲みます」、「お寿司が大好きです」と相手に伝えるには？　ヒロ君、サキさん、英語で言ってみて。

コーヒーを飲みます。
私はコーヒーを飲みます。
私は＋飲みます コーヒーを
I ＋ drink coffee. ➡ I drink coffee.

お寿司が大好きです。
私はお寿司が大好きです。
私は＋大好きです お寿司が
I ＋ love sushi. ➡ I love sushi.

ふたりとも大正解！　英語で言うときには、日本語で消えている「主語」をあぶり出して、「主語＋動詞」のセットを固めて組み立てることを忘れないようにね。

高速組み立てトレーニング

練習するときは、赤色シートをかぶせてやってみてね。

🏃 高速英語の語順でツッコミトレーニング 🔊009

手順1 日本語の文の音声をそのままリピートしよう。

手順2 「誰が?」「どうする?」「何を?」のようなツッコミの質問が聞こえたら、瞬時に日本語で答えよう。

手順3 「English!」という指示が聞こえたら、「誰が」「どうする」「何を」だけを取り出した日本語の文を瞬時に英語に言い換えよう。

例　**毎朝 牛乳を 飲みます。**　　　　　　🗨 言ってみよう!

🔔 誰が?　　　　　　　→ 私は

🔔 どうする?　　　　　→ 飲みます

🔔 何を?　　　　　　　→ 牛乳を

🔔 English!　　　　　　→ I drink milk.

1　土曜日の午前中に ピアノを 練習します。　🗨 言ってみよう!

🔔 誰が?　　　　　　　→ 私は

🔔 どうする?　　　　　→ 練習します

🔔 何を?　　　　　　　→ ピアノを

🔔 English!　　　　　　→ I practice the piano.

2　英語と中国語を 少しだけ 話します。　🗨 言ってみよう!

🔔 誰が?　　　　　　　→ 私は

🔔 どうする?　　　　　→ 話します

🔔 何を?　　　　　　　→ 英語と中国語を

🔔 English!　　　　　　→ I speak English and Chinese.

3　放課後 図書館で 数学を 勉強します。　🗨 言ってみよう!

🔔 誰が?　　　　　　　→ 私は

🔔 どうする?　　　　　→ 勉強します

🔔 何を?　　　　　　　→ 数学を

🔔 English!　　　　　　→ I study math.

4　毎朝 東京駅まで 電車に 乗ります。　🗨 言ってみよう!

🔔 誰が?　　　　　　　→ 私は

🔔 どうする?　　　　　→ 乗ります

🔔 何に?　　　　　　　→ 電車に

🔔 English!　　　　　　→ I take a train.

🏃 高速変換トレーニング：日本語→英語 🔊 010

手順1　聞こえてくる日本語の文を英語の語順に沿って言ってみよう。
手順2　「English!」という指示が聞こえたら、英語に直して言ってみよう。

		誰が	どうする・どうです	何を
例	ネコが 大好きです。			
	🔊 英語の語順で言ってみよう	→ 【 私は 】	【 大好きです 】	【 ネコが 】
	🔔 English!	→ 【 I 】	【 love 】	【 cats 】.
1	コーヒーを 飲みます。	誰が	どうする・どうです	何を
	🔊 英語の語順で言ってみよう	→ 【 私は 】	【 飲みます 】	【 コーヒーを 】
	🔔 English!	→ 【 I 】	【 drink 】	【 coffee 】.
2	卓球を します。	誰が	どうする・どうです	何を
	🔊 英語の語順で言ってみよう	→ 【 私は 】	【 します 】	【 卓球を 】
	🔔 English!	→ 【 I 】	【 play 】	【 table tennis 】.
3	クラシック音楽を 聴きます。	誰が	どうする・どうです	何を
	🔊 英語の語順で言ってみよう	→ 【 私は 】	【 聴きます 】	【 クラシック音楽を 】
	🔔 English!	→ 【 I 】	【 listen to 】	【 classical music 】.
4	法律を 勉強しています。	誰が	どうする・どうです	何を
	🔊 英語の語順で言ってみよう	→ 【 私は 】	【 勉強しています 】	【 法律を 】
	🔔 English!	→ 【 I 】	【 study 】	【 law 】.

🏃 高速レスポンス 🔊 011

手順　聞こえてくる日本語の文を、瞬時に英語に言い換えよう。ポーズの後で解答例が流れます。

例	野球が 好きです。	→ I like baseball.

🔊 英語で言ってみよう！

1　シンガポールが 大好きです。　→ I love Singapore.
2　あなたの血液型を 知っています。　→ I know your blood type.
3　そのアプリを 使っています。　→ I use that app.
4　スペイン語を 教えています。　→ I teach Spanish.

🏃 高速組み立てチャレンジ！ の解答例

1.「私は　勉強しています　歴史を」⇒I study history.　2.「私は　知っています　ジョンを」⇒I know John.　3.「私は　話します　日本語を」⇒I speak Japanese.　4.「私は　飼っています　3匹のイヌを」⇒I have three dogs.　5.「私は　見ます　テレビを」⇒I watch TV.　6.「私は　入ります　お風呂に」⇒I take a bath.　7.「私は　好きです　夏が」⇒I like summer.　8.「私は　します　バドミントンを」⇒I play badminton.　9.「私は　大好きです　スパゲティが」⇒I love spaghetti.

Lesson 3 一般動詞の疑問文と否定文の作り方

「あなたは英語を話しますか?」「私は英語を話しません」を英語にしたいとき、元になる文はI speak English.です。そして実はこの英文の中にお助けサポーターがこっそり隠れているのです。

I speak English.

🏃 **高速組み立てチャレンジ!** 必ず制限時間内に! 🕐60秒

次の日本語の文を瞬時に英文に直して言ってみよう。(解答例は30ページ)

例 あなたは英語を話しますか? ➡ Do you speak English?

1. スポーツは好きですか?

2. あなたはギターを弾きますか?

3. 私たちはラジオは聴きません。

4. 体育は好きではありません。

5. ジョン (John) とメグ (Meg) は英語を教えていますか?

6. 私はピーマンは好きではありません。

7. 私たちはフランス語を話しません。

8. 車を運転しますか?

9. コーヒーは飲みません。

10. 新しい自転車が欲しいですか?

Today's Mission　「お助けマンdo」を引っ張り出せ！

あなたはお寿司を 食べますか ？
Do you eat sushi?

POINT 1 　一般動詞の後ろには「お助けマンdo」が隠れている！
You eat sushi.やI play tennis.のeat、playなどの一般動詞の後ろには、「お助けマンdo」が隠れています。普段はこっそり隠れているけど、助けが必要になると大活躍するサポーターです。

POINT 2 　一般動詞の疑問文には「お助けマンdo」が登場！
自分や相手について、「〜しますか？」とたずねたいときには、一般動詞の後ろから「お助けマンdo」を引っ張り出して、文のはじめに置きます。

　　　あなたは　お寿司を　 食べます 。

　　　You eat sushi.　ふだんは隠れている！

　　　あなたは　お寿司を　 食べますか ？

　Do you eat sushi?

POINT 3 　一般動詞の否定文でも、「お助けマンdo」が活躍！
「〜しません」と一般動詞が表す意味を否定したいときにも、「お助けマンdo」が活躍します。お助けマンを引っ張り出して、動詞の前にdo notまたはdon'tを置くと否定文を作ることができます。

You eat sushi.

You do not eat sushi. あるいは You don't eat sushi.

さらに詳しく学ぼう

POINT 1 一般動詞の後ろには「お助けマンdo」が隠れている！

 eat、like、play、studyのような動詞のことを「一般動詞」と呼ぶけど、一般動詞の後ろには、「お助けマンdo」というサポーターが実はいつも隠れているんだよ。

You [eat] sushi.

引っ張り出すと　eat ➡ [do] eat

POINT 2 一般動詞の疑問文には「お助けマンdo」が登場！

 隠れている「お助けマンdo」はいつ姿を現すんですか？

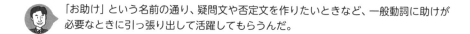 「お助け」という名前の通り、疑問文や否定文を作りたいときなど、一般動詞に助けが必要なときに引っ張り出して活躍してもらうんだ。

 疑問文って質問する文ですよね。どうやって「お助けマンdo」を使えばいいんですか？

 一般動詞の後ろから引っ張り出した「お助けマンdo」を文のはじめに置くんだ。

You [eat] sushi.

⬇ ◁ 「お助けマンdo」を引っ張り出す！

You [do] eat sushi.

疑問文 ➡ [Do] you eat sushi? ◁ 「お助けマンdo」を文のはじめに置き、?マークをつける

 質問に答えるときはどうすればいいんですか？

 「お助けマンdo」からはじまる疑問文に答えるときは、そのまま「お助けマンdo」を使って答えるのが最も基本的な答え方だよ。Noの場合は、doに否定を表すnotをつけたdo notや、これを短くしたdon'tを使って答えるんだ。

[Do] you eat sushi?

「はい」の場合　➡ Yes, I [do].

「いいえ」の場合 ➡ No, I [do] [not].　あるいは　No, I [don't].

28

POINT 3 　一般動詞の否定文でも、「お助けマン do」が活躍！

 さっき、No で答えるときに出てきた don't って何ですか？

 「〜しません」という否定の表現だよ。一般動詞から「お助けマン do」を引っ張り出し、否定を表す not をつけた do not や、これを短くした don't を動詞の前に置くと「〜しません」と言えるよ。例えば「納豆が好きじゃない」と言いたいときは次のようになるよ。

You <u>like</u> natto.
↓ ←「お助けマン do」を引っ張り出す！
You do like natto.
否定文 ➜ You do not like natto. あるいは You don't like natto.
do に否定を表す not をつける

一般動詞の疑問文と否定文の作り方は理解できたかな。ポイントは一般動詞の後ろに隠れている「お助けマン do」を引っ張り出して、助けてもらうことだね。では、サキさんとヒロ君、「あなたは中国語を話しますか？」、「あなたは中国語を話しません」は英語でそれぞれ何というかな？

 「あなたは中国語を話します」は You speak Chinese. だから、speak の後ろに隠れている「お助けマン do」を引っ張り出します。疑問文は、引っ張り出した「お助けマン do」を文のはじめに置きます。

You speak Chinese.
You do speak Chinese.
Do you speak Chinese?

 否定文は、引っ張り出した「お助けマン do」に否定を表す not をつけます。

You speak Chinese.
You do speak Chinese.
➜ You do not speak Chinese. あるいは You don't speak Chinese.

一言メモ

「〜します」という一般動詞の意味を特に強調したいときにも、隠れていた「お助けマン do」が登場して活躍するよ。その場合は do を強く発音することを忘れずに！
例 I do eat natto.（私は本当に納豆を食べるんですよ）
I do like chocolate.（チョコが大好きなんです）

高速組み立てトレーニング

練習するときは、赤色シートをかぶせてやってみてね。

🏃 2段階組み立てトレーニング：普通の文➡疑問文 🎧013

手順1 日本語の疑問文の音声の後に、疑問文ではない普通の文の英語の音声が流れます。「お助けマン！」の掛け声が聞こえたら、「お助けマンdo」を引っ張り出した英文を口に出して言ってみよう。

手順2 「ジャンプ！」という音が聞こえたら、「お助けマンdo」を文のはじめに置いて、疑問文を完成させ、口に出して言ってみよう。

手順3 解答例が流れるので、発音を真似て言ってみよう。

例 あなたはボブを知っていますか？   🔊 言ってみよう！
   🔔 You know Bob.
   🔔 お助けマンdoを引っ張り出そう！   → You do know Bob.
   🔔 ジャンプ！   → Do you know Bob?

---

1 あなたはニンジンは好きですか？   🔊 言ってみよう！
   🔔 You like carrots.
   🔔 お助けマンdoを引っ張り出そう！   → You do like carrots.
   🔔 ジャンプ！   → Do you like carrots?

---

2 鈴木夫妻はイヌが好きですか？   🔊 言ってみよう！
   🔔 Mr. and Mrs. Suzuki like dogs.
   🔔 お助けマンdoを引っ張り出そう！   → Mr. and Mrs. Suzuki do like dogs.
   🔔 ジャンプ！   → Do Mr. and Mrs. Suzuki like dogs?

---

3 彼らは理科を勉強しますか？   🔊 言ってみよう！
   🔔 They study science.
   🔔 お助けマンdoを引っ張り出そう！   → They do study science.
   🔔 ジャンプ！   → Do they study science?

---

4 君にはたくさん友達がいますか？   🔊 言ってみよう！
   🔔 You have many friends.
   🔔 お助けマンdoを引っ張り出そう！   → You do have many friends.
   🔔 ジャンプ！   → Do you have many friends?

🏃 高速組み立てチャレンジ！ の解答例

1. Do you like sports?   2. Do you play the guitar?   3. We don't listen to the radio.
4. I don't like P.E.   5. Do John and Meg teach English?
6. I don't like green peppers.   7. We don't speak French.   8. Do you drive a car?
9. I don't drink coffee.   10. Do you want a new bicycle?

🏃 2段階組み立てトレーニング：普通の文⇒否定文 🔊014

手順1 日本語の否定文の音声の後に、否定文ではない普通の文の英語の音声が流れます。「お助けマン！」の掛け声が聞こえたら、「お助けマン do」を引っ張り出した英文を口に出して言ってみよう。

手順2 「Not！」という音声が聞こえたら、「お助けマン do」に否定を表す not をつけた否定文を完成させ、口に出して言ってみよう。

手順3 解答例が流れるので、発音を真似て言ってみよう。

例　コーヒーは飲みません。　　　　　　　　🔊 言ってみよう！
　🔔 I drink coffee.
　🔔 お助けマン do を引っ張り出そう！　　→ I do drink coffee.
　🔔 Not!　　　　　　　　　　　　　　　→ I don't drink coffee.

1　彼らはあまり本を読みません。　　　　　🔊 言ってみよう！
　🔔 They read many books.
　🔔 お助けマン do を引っ張り出そう！　　→ They do read many books.
　🔔 Not !　　　　　　　　　　　　　　　→ They don't read many books.

2　トムと私はテレビを見ません。　　　　　🔊 言ってみよう！
　🔔 Tom and I watch TV.
　🔔 お助けマン do を引っ張り出そう！　　→ Tom and I do watch TV.
　🔔 Not!　　　　　　　　　　　　　　　→ Tom and I don't watch TV.

3　私たちはこの辞書を使いません。　　　　🔊 言ってみよう！
　🔔 We use this dictionary.
　🔔 お助けマン do を引っ張り出そう！　　→ We do use this dictionary.
　🔔 Not!　　　　　　　　　　　　　　　→ We don't use this dictionary.

🏃 高速レスポンス 🔊015

手順　聞こえてくる日本語の文を、瞬時に英語に言い換えよう。ポーズの後で解答例が流れます。

例　朝食を食べますか？　　　　　　　　　　→ Do you eat breakfast?

　　　　　　　　　　　　　　　　　　　　🔊 英語で言ってみよう！
1　そのパスワードを覚えていますか？　　　→ Do you remember the password?
2　マンガ本は読みません。　　　　　　　　→ I don't read comic books.
3　カエルは好きではありません。　　　　　→ I don't like frogs.
4　あなたの両親は大阪に住んでいますか？　→ Do your parents live in Osaka?
5　日本食はお好きですか？　　　　　　　　→ Do you like Japanese food?

be動詞の役割①
「イコール動詞」

「彼はかっこいいです」はHe is cool.ですが、「あなたはかっこいいです」と言いたいときは、主語に合わせてbe動詞を変身させる必要があります。

🏃 **高速組み立てチャレンジ!** 必ず制限時間内に！ 016

次の日本語の文を瞬時に英文に直して言ってみよう。(解答例は37ページ)

例 私は大学生です。 ➡ I am a college student.

1. お腹がすいています。
2. 私たちはいとこです。
3. これはコンピュータですか？
4. スミス先生 (Mr. Smith) は英語の先生ですか？
5. 彼らは疲れていません。
6. この本は値段が高くありません。
7. 彼は日本人ですか？
8. 私の祖父母は元気です。
9. 私は医師ではありません。
10. このテーブルはとても重いです。

Today's Mission　be動詞を変身、移動させよ！

私は先生です。
I am a teacher.

POINT 1　be動詞の１つ目の役割は「イコール動詞」！
「AはBです」のように、AとBがイコール (A=B) であることを表します。Bには
(1) 「Aの姿そのもの」を表す名詞表現がくる場合と

主語　=　何 (名詞表現)

私　=　先生

I　am　a teacher .

(2) 「Aの状態」を表す形容詞表現がくる場合

主語　=　〜な状態

私　=　幸せな状態

I　am　happy .

の２つがあります。

POINT 2　be動詞は主語に合わせて変身！
be動詞は主語がIのときはam、youのときはareのように主語に合わせて変身します。それぞれの主語にマッチしたbe動詞を言えるように覚えましょう。

POINT 3　be動詞の疑問文や否定文はお助けマン要らず！
be動詞の疑問文を作るときは、be動詞自身が文のはじめに移動します。否定文を作るときは、be動詞の直後に否定を表すnotをつけます。
He is a teacher.　　疑問文　Is he a teacher?
　　　　　　　　　　　否定文　He is not a teacher.

さらに詳しく学ぼう

POINT 1 **be動詞の1つ目の役割は「イコール動詞」!**

 動詞は大きく分けると、前回学習した「一般動詞 (eat, like, play など)」と今回勉強する「be動詞」の2種類あるんだよ。

 be動詞はどんなときに使う動詞なんですか?

 2つの大きな役割があって、1つ目は「イコール動詞」としての役割。2つ目は「いる・ある動詞」としての役割だよ。2つ目は次回説明するので、まずは1つ目の役割をおさえよう。「イコール動詞」としてのbe動詞は、「AはBです」のように、AとBがイコール (A=B) の関係であることを表すんだ。例えば、「私は先生です」は英語でI am a teacher.と言うよ。

 「私 (I)」=「先生 (a teacher)」を、be動詞のamでつないでいますね。A=BのBは常に「先生」や「学生」のような名詞がくるんですか?

 いい質問だね。次の2つの英文を比べてごらん。
(1) I am a student. (私は学生です)
(2) I am busy. (私は忙しいです)

 (1) は「私」イコール「学生」でBの部分が名詞の表現だけど、(2) は「私」イコール「忙しい」となっていますね。

 そのとおり。A=BのBには名詞表現のほかに、「眠い」や「疲れている」のような、主語Aがどんな状態かを表す形容詞表現が入ることもあるんだ。
「私」=「眠い状態」 ➔ I am sleepy. (私は眠いです)
「私」=「疲れている状態」 ➔ I am tired. (私は疲れています)

POINT 2 **be動詞は主語に合わせて変身!**

 be動詞は、確か、いろいろと変わるんですよね。

 そう。be動詞は変身が大好きだけど、主語に応じて変身する形が決まっているんだ。I am a teacher.は、主語がIだからbe動詞はamだね。でも、「彼は先生です」と主語がheになるとHe is a teacher.のようにbe動詞はisに変身する。主語にマッチしたbe動詞を瞬時に正確に使えることが大事だよ。

主語	単数	複数
自分（話し手）	I am (I'm)	we are (we're)
あなた（聞き手）	you are (you're)	you are (you're)
自分やあなた以外	he is (he's) she is (she's) it is (it's)	they are (they're)

※（　）内は短縮形

POINT 3 ▶ be動詞の疑問文や否定文はお助けマン要らず！

「彼は先生ですか？」と質問したいときは「お助けマンdo」をbe動詞の後ろから引っ張り出せばいいのかな？　You eat sushi.を疑問文にする場合は、Do you eat sushi?だったから。

be動詞の後ろにはお助けマンは隠れていないよ。be動詞は、お助けマン不要で、自分自身が主語の前にジャンプして疑問文を作ることができる特別な動詞なんだ。

He is a teacher .　彼は先生です。
Is he a teacher ?　彼は先生ですか？

このbe動詞の疑問文に答えるときは、そのままbe動詞を使って答えるよ。「いいえ」のときはbe動詞に否定を表すnotをつけて答えるんだ。
Yesの場合　➡　Yes, 主語＋be動詞
Noの場合　➡　No, 主語＋be動詞＋not
Is he a teacher?　Yes, he is .
　　　　　　　　　No, he's not .
　　　　　　　　　No, he isn't . (is notの短縮形)

主語に応じて姿を変え、サポーター不要で、自分自身で華麗にジャンプするなんてbe動詞は忍者のような動詞ですね。かっこいいな。

be動詞の直後に否定を表すnotをつけると否定文になるよ。一般動詞の否定文を作るときには、「お助けマンdo」の力を借りたけど、be動詞は特別な動詞なので、お助けマンは不要なんだ。

He is a teacher .　彼は先生です。
He is not a teacher .　彼は先生ではありません。
He isn't a teacher .　(is notの短縮形)

一言メモ

1つの文の中で一般動詞とbe動詞はいっしょに使わないので要注意。「私」＝「サッカーをします」だと思って、I am play soccer.はダメ！正しくはI play soccer.

35

高速組み立てトレーニング

練習するときは、赤色シートをかぶせてやってみてね。

🏃 高速be動詞変換トレーニング 🔊017

手順1 日本語の文の音声の後で流れる英文をそのままリピートしよう。
手順2 音声が示す主語に対応したbe動詞の文を作り、声に出して言ってみよう。
手順3 解答例が流れるので、発音を真似て言ってみよう。

例	私は体育の先生です。	🔊 言ってみよう！
	I'm a P.E. teacher.	→ I'm a P.E. teacher.
	🔔 you	→ You are a P.E. teacher.
	🔔 he	→ He is a P.E. teacher.
	🔔 they	→ They are P.E. teachers.
1	アリスは有名なダンサーです。	🔊 言ってみよう！
	Alice is a famous dancer.	→ Alice is a famous dancer.
	🔔 she	→ She is a famous dancer.
	🔔 I	→ I'm a famous dancer.
	🔔 We	→ We are famous dancers.
2	阿部夫妻はとても忙しいです。	🔊 言ってみよう！
	Mr. and Mrs. Abe are very busy.	→ Mr. and Mrs. Abe are very busy.
	🔔 they	→ They are very busy.
	🔔 my son	→ My son is very busy.
	🔔 you	→ You are very busy.

🏃 高速変換トレーニング：普通の文⇒疑問文 🔊018

手順1 日本語の文の音声の後で流れる英文をそのままリピートしよう。
手順2 音声で「Question!」と聞こえたら、疑問文に瞬時に変換し、声に出して言ってみよう。

例	この雑誌は新しいです。	🔊 言ってみよう！
	This magazine is new.	→ This magazine is new.
	🔔 Question!	→ Is this magazine new?
1	あなたはとても緊張しています。	🔊 言ってみよう！
	You are very nervous.	→ You are very nervous.
	🔔 Question!	→ Are you very nervous?
2	あの女性は警察官です。	🔊 言ってみよう！
	That woman is a police officer.	→ That woman is a police officer.
	🔔 Question!	→ Is that woman a police officer?

🏃 高速変換トレーニング：普通の文⇒否定文　019

手順1　日本語の文の音声の後で流れる英文をそのままリピートしよう。
手順2　音声で「Not!」と聞こえたら、否定文に瞬時に変換し、声に出して言ってみよう。

例　私は喉が渇いています。
I'm thirsty.
🔔 Not!

🔊 言ってみよう！
→ I'm thirsty.
→ I'm not thirsty.

1　フレッドは料理が上手です。
Fred is a good cook.
🔔 Not!

🔊 言ってみよう！
→ Fred is a good cook.
→ Fred is not a good cook.

2　この本は難しいです。
This book is difficult.
🔔 Not!

🔊 言ってみよう！
→ This book is difficult.
→ This book is not difficult.

🏃 高速レスポンス　020

手順　聞こえてくる日本語の文を、瞬時に英語に言い換えよう。ポーズの後で解答例が流れます。

例　私は悲しくはありません。
→ I'm not sad.

🔊 英語で言ってみよう！
1　彼女はラグビーのファンです。　→ She is a rugby fan.
2　私は中学生ではありません。　→ I'm not a junior high school student.
3　あなたの両親はとても若いです。　→ Your parents are very young.
4　ジョンソン先生 (Mr. Johnson) はあなた達に怒っていますか？　→ Is Mr. Johnson angry with you?
5　私の母は看護師です。　→ My mother is a nurse.

🏃 高速組み立てチャレンジ！ の解答例

1. I am hungry.　2. We are cousins.　3. Is this a computer?
4. Is Mr. Smith an English teacher?　5. They are not tired.
6. This book isn't expensive.　7. Is he Japanese?　8. My grandparents are fine.
9. I am not a doctor.　10. This table is very heavy.

Lesson 5　be動詞の役割② 「いる・ある動詞」

Lesson 4では「イコール動詞」としてのbe動詞の役割について説明しました。今回は、主語がどこかに「いる・ある」ことを表す動詞としての役割を紹介します。

We are in Hokkaido.

高速組み立てチャレンジ！　必ず制限時間内に！　021　

次の日本語の文を瞬時に英文に直して言ってみよう。(解答例は44ページ)

例 スティーブは日本にいます。　→　Steve is in Japan.

1. 私の母は台所にいます。
2. 私は原宿にいます。
3. トム (Tom) とエマ (Emma) はシンガポールにいます。
4. 君のネコはその机の下にいます。
5. あなたのいとこはカナダにいますか？
6. 彼らはステージの上にいますか？
7. そのビルは銀座にありません。
8. あなたのメガネはソファの上にあります。
9. 私たちは公園にいます。
10. あなたの会社は横浜にありますか？

Today's Mission ▶ be動詞で存在を示せ！

私は大阪にいます。
I am in Osaka.

POINT 1 ▶ be動詞の2つ目の役割は「いる・ある動詞」！
「Aは〜にいます・あります」のように、Aがどこにいるのか、その存在を表します。

主語	いる・ある	どこに (場所をあらわす表現)
私	いる・ある	大阪に .
I	am	in Osaka .

POINT 2 ▶ 「いる・ある動詞」のbe動詞の疑問文・否定文の作り方は、「イコール動詞」(Lesson 4参照) の場合とまったく同じ！
be動詞の疑問文を作るときはお助けマン不要で、be動詞自身が文のはじめに移動します。否定文を作るときは、be動詞の直後に否定を表すnotをつけます。

Steve is in Japan.　**疑問文**　Is Steve in Japan?
　　　　　　　　　　否定文　Steve is not in Japan.

POINT 3 ▶ 場所を表す前置詞表現を覚えよう！
in 　(ある空間について) 〜の中に 　→ 　Meg is in the park.
on 　(表面に接触して) 〜の上に 　→ 　Meg is on the bench.
under 　〜の真下に 　　　　　　　→ 　Meg is under the big tree.

in front of 　〜の前に 　　　　　→ 　Meg is in front of the post office.

さらに詳しく学ぼう

POINT 1 be動詞の2つ目の役割は「いる・ある動詞」！

前回、先生は、be動詞には2つの大きな役割があるとおっしゃっていました。1つ目は「イコール動詞」としての役割でしたが、2つ目は何ですか？

be動詞の2つ目の役割は「いる・ある動詞」としての役割だよ。A is 〜.の形で、「Aは〜にいます・あります」と、Aがどこにいるのかを表すんだ。〜の部分には場所を表す表現がくるよ。

I am in Osaka .　　　　　　　私は大阪にいます。
They are in the classroom .　彼らは教室にいます。
That building is in Shibuya .　そのビルは渋谷にあります。

POINT 2 「いる・ある動詞」のbe動詞の疑問文・否定文の作り方は、「イコール動詞」の場合とまったく同じ！

「いる・ある動詞」のbe動詞の疑問文はどうやって作るんですか？

前回学んだ「イコール動詞」のbe動詞の場合とまったく同じだよ。「スティーブは日本にいますか？」は何て言えばいいかな？

まず、「スティーブは日本にいます」という普通の文は、 スティーブ　いる・ある　日本に　と考えるから、Steve is in Japan.ですよね。be動詞はお助けマン不要の特別な動詞だから、自分自身がジャンプして主語の前に来ればいいですね。

Steve is in Japan .
Is Steve in Japan ?

じゃあ、否定文も同じかな。「スティーブは日本にいません」は、be動詞のすぐ後に否定を表すnotをつければいいんですね。

Steve is not in Japan .
Steve isn't in Japan . (is notの短縮形)

POINT 3 場所を表す前置詞を覚えよう！

「いる・ある動詞」のbe動詞の場合、A is 〜.の英文では、〜の部分には場所を表す表現が来るんですね。Steve is in Japan.の場合は、in Japanが場所なんですね。

そのとおり。in Japanは「日本に」という意味だけど、このinはある空間について「〜の中に」という場所を表すときに使うよ。名詞の前に置く言葉なので、文法用語で「前置詞」っていうんだ。「前置詞＋名詞」のかたまりで場所を表すことができるよ。例えば、Meg is in the park.は　in the park　が「前置詞＋名詞」のかたまりになっていて、「公園の中に」という意味になる。

 Meg is in the park.と言えば、メグが公園という空間の内部にいる、つまり、「メグは公園にいます」ってことですね。場所を表す前置詞はinのほかにもあるんですか？

 たくさんあるよ。ただ、今回はあと３つだけ、onとunderとin front ofを紹介しよう。onはあるものの表面に接触していて、「〜の上に」という意味でよく使う前置詞だよ。Meg is on the bench.は、「メグはベンチの上にいます」という意味。
underは「〜の真下に」という意味。Meg is under the big tree.だと、「メグはその大きな木の下にいます」という意味になるよ。
in front ofは３つの単語をセットで使って、「〜の前に、〜の正面に」という意味を表すんだ。Meg is in front of the post office.で「メグは郵便局の前にいます」という意味。

in the park

on the bench

under the big tree

in front of the post office

一言メモ

be動詞＋notの短縮形はいろいろあるので覚えておこう。

- I am not ...　　　➡　I'm not ...
- You are not ...　　➡　You're not ...　または　You aren't ...
- He/She/It is not ...　➡　He's/She's/It's not ...　または　He/She/It isn't ...
- We are not ...　　➡　We're not ...　または　We aren't ...
- They are not ...　　➡　They're not ...　または　They aren't ...

高速組み立てトレーニング

練習するときは、赤色シートをかぶせてやってみてね。

🏃 高速変換トレーニング：普通の文➡疑問文 🔊022

手順1 日本語の文の音声の後で流れる英文をそのままリピートしよう。
手順2 音声で「Question!」と聞こえたら、疑問文に瞬時に変換し、声に出して言ってみよう。

例	ナオキは庭にいます。 Naoki is in the garden. 🔔 Question!	🗨 言ってみよう！ → Naoki is in the garden. → Is Naoki in the garden?
1	ジョンはロンドンにいます。 John is in London. 🔔 Question!	🗨 言ってみよう！ → John is in London. → Is John in London?
2	あなたは郵便局にいます。 You are in the post office. 🔔 Question!	🗨 言ってみよう！ → You are in the post office. → Are you in the post office?
3	その競技場は福岡にあります。 The stadium is in Fukuoka. 🔔 Question!	🗨 言ってみよう！ → The stadium is in Fukuoka. → Is the stadium in Fukuoka?
4	そのバス停は銀行の正面にあります。 The bus stop is in front of the bank. 🔔 Question!	🗨 言ってみよう！ → The bus stop is in front of the bank. → Is the bus stop in front of the bank?

🏃 高速変換トレーニング：普通の文➡否定文 🔊023

手順1 日本語の文の音声の後で流れる英文をそのままリピートしよう。
手順2 音声で「Not!」と聞こえたら、否定文に瞬時に変換し、声に出して言ってみよう。

例	その学校は仙台にあります。 The school is in Sendai. 🔔 Not!	🗨 言ってみよう！ → The school is in Sendai. → The school is not in Sendai.
1	サキは金沢にいます。 Saki is in Kanazawa. 🔔 Not!	🗨 言ってみよう！ → Saki is in Kanazawa. → Saki is not in Kanazawa.
2	君の自転車はその木の下にあります。 Your bike is under the tree. 🔔 Not!	🗨 言ってみよう！ → Your bike is under the tree. → Your bike is not under the tree.

3 その男の子はトイレにいます。
The boy is in the restroom.
🔔 Not!

🗨 言ってみよう！
→ The boy is in the restroom.
→ The boy is not in the restroom.

4 そのネコは箱の上にいます。
The cat is on the box.
🔔 Not!

🗨 言ってみよう！
→ The cat is on the box.
→ The cat is not on the box.

🏃 高速並べ替えトレーニング 🔊024

手順1 「Start!」の掛け声が聞こえたら、日本語の意味を表すように、(　　)内の与えられた単語を5秒間で並べ替えて、頭の中で英文を作ってみよう。文頭にくる単語の最初の文字も小文字で書かれています。

手順2 合図の音が聞こえたら、並べ替えて作った英文を声に出して言ってみよう。

例 そのデパートは岡山にありません。
(store, is, department, in, that, Okayama, not).
→ That department store is not in Okayama.

1 その鳥はベンチの上にいます。
(bird, on, the, is, bench, the).
🗨 並べ替えて言ってみよう！
→ The bird is on the bench.

2 あなたの祖父母は徳島にいますか？
(in, grandparents, are, Tokushima, your)?
→ Are your grandparents in Tokushima?

3 私の担任の先生は図書館にはいません。
(library, not, teacher, my, the, in, homeroom, is).
→ My homeroom teacher is not in the library.

4 あなたのカバンはそのテーブルの下にありますか？
(your, under, the, is, bag, table)?
→ Is your bag under the table?

🏃 高速レスポンス 🔊 025

手順 聞こえてくる日本語の文を、瞬時に英語に言い換えよう。ポーズの後で解答例が流れます。

例 私はその駅の正面にいます。　→ I am in front of the station.

🔊 英語で言ってみよう！

1 そのレストランはスーパーの近くにあ → The restaurant is near the
ります。　supermarket.

2 あなたの雑誌は床の上にありますか？ → Is your magazine on the
floor?

3 私の叔父と叔母はドイツにいます。 → My uncle and aunt are in
Germany.

4 彼はお風呂にいますか？ → Is he in the bathroom?

5 そのコンビニは私の町にはありません。 → That convenience store is
not in my city.

🏃 高速組み立てチャレンジ！ の解答例

1. My mother is in the kitchen.　2. I am in Harajuku.

3. Tom and Emma are in Singapore.　4. Your cat is under the desk.

5. Is your cousin in Canada?　6. Are they on the stage?

7. That building is not in Ginza.　8. Your glasses are on the sofa.

9. We are in the park.　10. Is your company in Yokohama?

所有格と冠詞の使い方

日本語では所有者がはっきりわかっている場合は、「私の」や「あなたの」といった代名詞を省略することがあります。でも、英語では「誰の」をはっきりと言わなければいけません。

高速組み立てチャレンジ！ 必ず制限時間内に！ 026 60秒

次の日本語の文を瞬時に英文に直して言ってみよう。(解答例は49ページ)

例 私の誕生日は5月20日です。 → My birthday is May 20.

1. ここに名前を書いてください。
2. 今晩、宿題をやりなさい。
3. あれはサム (Sam) の妹ですか？
4. 両親は福島に住んでいます。
5. 地球は丸い。
6. ピーター (Peter) はカナダ人の私の友達です。
7. 海斗と明日香は学校が好きです。
8. これが私たちの新しい家です。
9. 誕生日はいつですか？
10. 私は朝食前に顔を洗います。

Today's Mission　持ち主をはっきり主張せよ！

手を<u>洗いなさい</u>。
Wash <u>your</u> hands.

POINT 1　省略されている「誰の」をあぶりだす！
日本語では誰のものかが明らかな場合は、「私の」や「あなたの」を省略することがありますが、英語では省略しません。日本語につられて、「誰の」のない英文を作らないよう気をつけましょう。

　　　名前を言ってください。
→　<u>あなたの</u>名前を言ってください。（「誰の」のあぶりだし）
　　Say <u>your</u> name.（Say name.はダメ！）

POINT 2　「誰の」はいちばん前に置く！
日本語では「私のアメリカ人の友達」とも「アメリカ人の私の友達」とも言うことができますが、英語では語順が決まっていて、「私の」はいちばん最初に置きます。

　　　彼女はアメリカ人の<u>私の</u>友達です。
　　She is <u>my</u> American friend.（American my friendはダメ！）

POINT 3　いろいろな「誰の」がある！
「誰の」を表す言葉はmyやyour以外にもたくさんあるので、しっかり覚えましょう。

POINT 4　「誰の」と「a/anとthe」の違いに注意！
「誰の」は、後ろの名詞の持ち主が誰なのかをはっきりとさせることで、その名詞を1つに限定します。theも名詞を限定しますが、話し手と聞き手の両方が、指す人やモノを特定できる場合に使われます。一方、a（またはan）は、ほかにもたくさん存在しているものの一つであることを単に表し、限定はしません。

さらに詳しく学ぼう

POINT 1 ▶ 省略されている「誰の」をあぶりだす！

「英語が好きです」は英語で何て言うか、覚えているかな？

はい、以前トレーニングしました。日本語で省略されている主語「私は」をあぶりだして、「私は＋好きです＋英語が」の語順で、I like English. です。

大正解。日本語では状況から主語が何かがわかる場合は省略することが多いけど、英語では省略せずにはっきりと言うことが多いということだったね。実はこれは主語以外でも当てはまるんだ。次の日本語と英語を比べてごらん。

　　手を洗いなさい。
　　Wash your hands.

英語では話し相手の手のことについて言っているのが明らかでも、「あなたの手」のように your を使っていちいち言わないとダメなんですね。

POINT 2 ▶ 「誰の」はいちばん前に置く！

「アメリカ人の友人」と言いたいときは省略されている「私の」を復活させて American my friend と言えばいいのですか？

日本語では「私のアメリカ人の友達」とも「アメリカ人の私の友達」とも言うことができるけど、英語では語順が決まっていて、「私の」はいちばん前に置くよ。
She is my American friend. (American my friend はダメ！)

POINT 3 ▶ いろいろな「誰の」がある！

「誰の」を表す言葉は my や your 以外にもたくさんあるんだ。持ち主に合わせて正しい言葉がさっと使えるように、しっかり覚えておこうね。

	単数	複数
自分（話し手）	I → my	we → our
あなた（聞き手）	you → your	you → your
自分やあなた以外	he → his she → her it → its Ken → Ken's	they → their

POINT 4 ▶ 「誰の」と「a/anとthe」の違いに注意！

 「こちらが先生です」と自分の先生を相手に紹介したいときは何て言う？

 This is a teacher. かな。

 自分の先生なんだから、「私の」をあぶりだして This is my teacher. でしょ。

 サキさんが正解。my teacher と持ち主をはっきり言うことで、1つに限定された存在（「私の先生」という特定の人物）を表すんだ。a teacher の a は不定冠詞といって「定まらない」、つまり、世の中にたくさん存在する「先生の中のひとり」を表すんだ。This is a teacher. だけでは、話し手と紹介されている先生との関係もわからない。

 なるほど。じゃあ、This is the teacher. だと、どうなりますか？

 「こちらがうわさの例の先生ですよ」という感じだね。the は定冠詞といって「定める」、つまり、特定の人やモノに限定する場合によく使うよ。話し手は、詳しく言わなくても、the teacher と言ってしまえば、聞き手は自分がどの先生の話をしているのかすぐにわかる（＝どの先生なのかを特定できる）と思っているから、the をつけているんだよ。次の例文でも比べてごらん。

　　Mary is a doctor.　➡　Mary は医師のひとりであると、単に職業を伝えているだけ。私と Mary との関係は不明。

　　Mary is my doctor.　➡　Mary は私と関係のない医師のひとりではなく、私がお世話になっている（特定の）医師。

　　Mary is the doctor.　➡　Mary は、私と聞き手とで以前から話題にしていた例の（特定の）医師。

その場の状況から、どれなのかがわかるとき以外にも、もともと1つしかないものは、どれなのかが当然特定できるので the を使うよ。
　　The sun rises in the east. （太陽は東から昇ります）
　　The moon goes around the earth. （月は地球の周りを回ります）

🏃 高速組み立てチャレンジ！ の解答例

1. Write your name here.　　2. Do your homework tonight.　　3. Is that Sam's sister?
4. My parents live in Fukushima.　　5. The earth is round.
6. Peter is my Canadian friend.　　7. Kaito and Asuka like their school.
8. This is our new house.　　9. When is your birthday?
10. I wash my face before breakfast.

> 練習するときは、赤色シートをかぶせてやってみてね。

高速基礎トレーニング

【Part 1】 音声を聞いて、瞬時に「誰の」犬なのかを表す英語を言ってみよう。

例 he ➜ his dog

🔊 言ってみよう！

1 you ➜ your dog
2 I ➜ my dog
3 they ➜ their dog
4 she ➜ her dog

🔊 言ってみよう！

5. we ➜ our dog
6. he ➜ his dog
7. Mio ➜ Mio's dog

【Part 2】 次の1〜3について、省いたほうが日本語として自然な箇所をすべて選ぼう。

1 あなたは／あなたの／パスポートを／あなたと一緒に／お持ちですか？
2 あなたの／カバンを／開けて／あなたの／時計を／中に／入れなさい。
3 日本では／私たちは／家の中で／私たちの／靴を／脱ぎます。

【Part 3】 上の1〜3を自然な日本語に整えた文の英文を聞いて、リピートしてみよう。

🔊 言ってみよう！

1 あなたはパスポートをお持ちですか？ ➜ Do you have your passport with you?
2 カバンを開けて時計を中に入れなさい。 ➜ Open your bag and put your watch in it.
3 日本では家の中で靴を脱ぎます。 ➜ We take off our shoes in our house in Japan.

【Part 4】 日本語の文の音声と同じ意味になるよう、5秒間で（　）に適切な英語を入れよう。合図の音が聞こえたら、英文をまるごと声に出して言ってみよう。

1 カナは友達のベッキーと毎週末、会います。
🔊 Kana meets (her) friend Becky every weekend.
2 君は自転車を弟と一緒に使いますか？
🔊 Do (you) share (your) bike with (your) brother?
3 私のアパートは彼らの学校の近くです。
🔊 (My) apartment is near (their) school.

🏃 高速並べ替えトレーニング 🔊030

手順1 「Start!」の掛け声が聞こえたら、日本語の意味を表すように、(　　　)内の与えられた単語を5秒間で並べ替えて、頭の中で英文を作ってみよう。文頭にくる単語の最初の文字も小文字で書かれています。

手順2 合図の音が聞こえたら、並べ替えて作った英文を声に出して言ってみよう。

例 カメラに向かって名前を言ってください。
(to, name, camera, the, say, your).
→ Say your name to the camera.

---

1 太郎と弟の次郎は毎日サッカーをします。
(Jiro, Taro, every, brother, soccer, and, day, his, play).

🔊 並べ替えて言ってみよう！
→ Taro and his brother Jiro play soccer every day.

---

2 葵の両親は毎晩、彼女に電話しますか？
(Aoi's, her, night, do, parents, every, call)?
→ Do Aoi's parents call her every night?

---

3 この紙に住所と電話番号を書いてください。
(number, and, this, write, on, address, paper, phone, your).
→ Write your address and phone number on this paper.

---

4 私たちは寝室を毎日は掃除しません。
(day, clean, bedroom, don't, every, we, our).
→ We don't clean our bedroom every day.

🏃 高速レスポンス 🔊031

手順 聞こえてくる日本語の文を、瞬時に英語に言い換えよう。ポーズの後で解答例が流れます。

例 目を閉じなさい。
→ Close your eyes.

🔊 英語で言ってみよう！

1 こちらが母の奈々子です。
→ This is my mother Nanako.

2 僕の寝室にはマンガがたくさんあります。
→ I have a lot of comic books in my bedroom.

3 モエとサヤカは母親と一緒に英語を勉強します。
→ Moe and Sayaka study English with their mother.

4 カナダ人の私の友達はとても背が高いです。
→ My Canadian friend is very tall.

5 私の鍵はかばんの中です。
→ My key is in my bag.

Lesson 7 一般動詞（3人称単数）の 肯定文の作り方

主語がIやYouのときの文I play soccer.には「お助けマンdo」が隠れています。そして、主語が「孤独な第三者」やHeやSheの文には新たなお助けサポーターが存在するのです。

🏃 **高速組み立てチャレンジ！** 必ず制限時間内に！ 🔊032 ⏱60秒

次の日本語の文を瞬時に英文に直して言ってみよう。(解答例は57ページ)

例 メグ(Meg)はギターを弾きます。 → Meg plays the guitar.

1. ジョン（John）はスペイン語を話します。

2. ルーク（Luke）は6時に起きます。

3. 彼女はたくさん本を持っています。

4. 父はボストンに住んでいます。

5. アンナ（Anna）は日本語を毎日勉強します。

6. ジム（Jim）は家族のために夕飯を作ります。

7. 姉は朝食の前にシャワーを浴びます。

8. サラ（Sarah）は英語とフランス語を教えています。

9. テッド（Ted）は弟と一緒に学校に行きます。

10. あなたのいとこのジョシュア（Joshua）はクラシック音楽が好きです。

Today's Mission	「お助けマンdoes」を忘れるな！

サムはテニスを します 。
Sam plays tennis.

POINT 1 主語が単数の「孤独な第三者」のときは「お助けマンdoes」がはみ出る！

Lesson 3で、一般動詞（eatやplayなど）の主語が自分（IやWe）や単数・複数の相手（you）、複数の第三者（theyやLucy and Samなど）のときは、一般動詞の後ろに「お助けマンdo」が隠れていることを学びました。

それに対して、主語が単数の「孤独な第三者」（he, she, it, Meg, Sam, a girlなど）のときは、「お助けマンdoes」が動詞の後ろに隠れています。「お助けマンdoes」は隠れるのがヘタなので、動詞の後ろに隠れきれずにはみ出してしまうのが特徴です。

サムは　テニスを　 します 。

Sam play s tennis.

POINT 2 「お助けマンdoes」のはみ出し方に注意！

隠れるのがヘタな「お助けマンdoes」のはみ出し方にはパターンがあります。

(1) sのはみ出し　　　　　　　　　　　　play s

(2) esのはみ出し　　　　　　　　　　　watch es

(3)「子音＋y」のyをiに変えてesのはみ出し　studi es

さらに詳しく学ぼう

主語が単数の「孤独な第三者」のときは「お助けマンdoes」がはみ出る！

一般動詞を使った現在のことを表す文（I play tennis.やYou eat sushi.）の一般動詞の後ろには、「お助けマンdo」がいつも隠れていることを以前学んだね。

いつもは上手に隠れているけど、疑問文や否定文を作りたいときに登場して助けてくれるサポーターですよね。

そう。実は、一般動詞を使った現在のことを表す文で活躍するお助けマンはもう1人いるんだ。その名も「お助けマンdoes」。

「お助けマンdoes」と「お助けマンdo」はどう違うんですか？

サポート力は同じだけど、主語によって担当者が違う、とイメージすると分かりやすいよ。

主語が	IやwE（自分） 単数・複数のyou（話し相手） theyやMeg and Samなど（複数の第三者）	→ 「お助けマンdo」
主語が	he, she, it, Meg, Sam, a girlなど （第三者が孤独なとき）	→ 「お助けマンdoes」

主語が「孤独な第三者」のときの担当者が「お助けマンdoes」で、その文の一般動詞の後ろに隠れているということですね。

そう。例えば、「サムはテニスをします」の場合、主語の「サム」は「孤独な第三者」なので、Sam plays tennis.となる。同様に、「彼はテニスをします」の場合も、主語の「彼」は孤独な第三者だから、He plays tennis.となるよ。

一言メモ

「孤独な第三者」を表す主語のことを、多くの文法の参考書では「3人称単数」の主語と呼んでいるよ。「主語が3人称単数で現在」の文は略して「3単現（さんたんげん）」と呼ばれているよ。

POINT 2 　「お助けマンdoes」のはみ出し方に注意！

 隠れるのがヘタな「お助けマンdoes」は、必ず動詞からちょっとはみ出るんですよね。そこが愛らしくて好きです！

 えっ、はみ出るって何ですか？

 次の２つの文を比べてごらん。

   (1) I ⌐play⌐ softball.

   (2) She ⌐play s⌐ softball.

 (2) はplayの後ろにsがありますね。

 (2) の主語sheは「孤独な第三者」なので、「お助けマンdoes」が隠れていて、sがはみ出ています。

 そのとおり。(1) のplayの後ろには、「お助けマンdo」が上手に隠れているんだけど、(2) のplayの後ろに隠れている「お助けマンdoes」は隠れるのがヘタなので、お尻のsがはみ出ているんだよ。はみ出し方には次のようにいくつかパターンがあるよ。

```
大部分の動詞（eats, likes, makes, plays, speaksなど）　➔ sがはみ出る
動詞の語尾がs, sh, chなど（passes, washes, watches）　➔ esがはみ出る
                   ↑
「ス・シ・チ・ズ」（「寿司チーズ」と覚えよう！）のように、こすりあうような
音が語尾にあるときは、はみ出たesの発音は[iz]となる。
動詞の語尾がo（goesやdoes）　　　　　　　　　　　➔ esがはみ出る
```

それから語尾が「子音＋y」で終わるstudyやcarry, cry, tryのような動詞の場合は、yをiに変えてからesがはみ出るよ。

 She studies English. （彼女は英語を勉強します）やThe baby cries every night. （その赤ちゃんは毎晩、泣きます）のようにスペリングに注意が必要なんですね。

 そうだね。あと特殊ケースとして、haveを覚えておこう。haveの場合は「お助けマンdoes」が後ろに隠れると姿全体を変身させてhasになる。I have a car.の主語がsheの場合には、She has a car.となるんだ。

高速組み立てトレーニング

練習するときは、赤色シートをかぶせてやってみてね。

瞬間他者紹介トレーニング 033

手順1 1〜8の異なる人物達の自己紹介の英語を聞こう。
手順2 自己紹介の英語を他の誰かに紹介する表現に変換させて言ってみよう。

(日本語訳は246ページ)

例 Ken: I play soccer.
　　🔊 Kenを紹介して言ってみよう！　　　　→ Ken plays soccer.

1 Nadia: I speak Spanish.
　　🔊 Nadiaを紹介して言ってみよう！　　　→ Nadia speaks Spanish.

2 Daniel: I live in Tokyo.
　　🔊 Danielを紹介して言ってみよう！　　　→ Daniel lives in Tokyo.

3 Olivia: I teach English.
　　🔊 Oliviaを紹介して言ってみよう！　　　→ Olivia teaches English.

4 Henry: I study Japanese.
　　🔊 Henryを紹介して言ってみよう！　　　→ Henry studies Japanese.

5 Beth: I have two brothers.
　　🔊 Bethを紹介して言ってみよう！　　　→ Beth has two brothers.

6 Tom: I read a lot of books.
　　🔊 Tomを紹介して言ってみよう！　　　→ Tom reads a lot of books.

7 Emily: I go to bed at eleven.
　　🔊 Emilyを紹介して言ってみよう！　　　→ Emily goes to bed at eleven.

8 Ichiro: I take a bath every day.
　　🔊 Ichiroを紹介して言ってみよう！　　　→ Ichiro takes a bath every day.

高速変換トレーニング：日本語→英語 034

手順1 聞こえてくる日本語を英語の語順に沿って言ってみよう。
手順2 「English!」という指示が聞こえたら、英語に直して言ってみよう。

例 ケンは サッカーを します。　　　　誰が　　どうする・どうです　　何を
　　🔊 英語の語順で言ってみよう　　→ 【 ケンは 】【 します 】【 サッカーを 】
　　🔔 English!　　　　　　　　　→ 【 Ken 】【 plays 】【 soccer 】.

1 彼は テレビを 見ます。　　　　　　誰が　　どうする・どうです　　何を
　　🔊 英語の語順で言ってみよう　　→ 【 彼は 】【 見ます 】【 テレビを 】
　　🔔 English!　　　　　　　　　→ 【 He 】【 watches 】【 TV 】.

2　ジェニー(Jenny)は 音楽が 大好きです。　　　誰が　　　　どうする・どうです　　　何を
　🗣 英語の語順で言ってみよう　➡【ジェニーは】【大好きです】【音楽が】
　🔔 English!　　　　　　　　　➡【　Jenny　】【　loves　】【music】.

3　ナンシー(Nancy)は 私のいとこを 知っています。　誰が　　　　どうする・どうです　　　何を
　🗣 英語の語順で言ってみよう　➡【ナンシーは】【知っています】【私のいとこを】
　🔔 English!　　　　　　　　　➡【　Nancy　】【　knows　】【my cousin】.

4　太郎は この辞書を 使います。　　　　　誰が　　　　どうする・どうです　　　何を
　🗣 英語の語順で言ってみよう　➡【太郎は】【使います】【　この辞書を　】
　🔔 English!　　　　　　　　　➡【Taro】【　uses　】【this dictionary】.

5　彼女の赤ちゃんは 毎晩 泣きます。　　　誰が　　　　どうする・どうです
　🗣 英語の語順で言ってみよう　➡【彼女の赤ちゃんは】【泣きます】【毎晩】
　🔔 English!　　　　　　　　　➡【 Her baby 】【 cries 】【 every night 】.

🏃 高速レスポンス 🔊 035

手順　聞こえてくる日本語の文を、瞬時に英語に言い換えよう。ポーズの後で解答例が流れます。

例 ユキは卓球をします。　　　　　　　➡ Yuki plays table tennis.

　　　　　　　　　　　　　　　　　🗣 英語で言ってみよう！
1　私たちの息子は理科を勉強します。　➡ Our son studies science.
2　私の学校は8時に始まります。　　　➡ My school starts at eight.
3　ハルカは夕食後にお皿を洗います。　➡ Haruka washes the dishes
　　　　　　　　　　　　　　　　　　 after dinner.
4　中国人の私の友達は日本語を上手に　➡ My Chinese friend speaks
　 話します。　　　　　　　　　　　　 Japanese very well.
5　ソフィア (Sophia) はネコを3匹飼っ　➡ Sophia has three cats.
　 ています。

🏋 高速組み立てチャレンジ！ の解答例

1. John speaks Spanish.　　2. Luke gets up at six.　　3. She has many books.
4. My father lives in Boston.　　5. Anna studies Japanese every day.
6. Jim cooks dinner for his family.　　7. My sister takes a shower before breakfast.
8. Sarah teaches English and French.　　9. Ted goes to school with his brother.
10. Your cousin Joshua likes classical music.

Lesson 8 一般動詞（3人称単数）の疑問文と否定文の作り方

「彼はラグビーをしますか?」「彼はラグビーをしません」を英語にしたいとき、元になる文はHe plays rugby.です。この文に隠れている「お助けマンdoes」が正しい英文を作るサポートをしてくれます。

🏃 **高速組み立てチャレンジ！** 必ず制限時間内に！ 036 ⏱60秒

次の日本語の文を瞬時に英文に直して言ってみよう。(解答例は64ページ)

例 メグはギターを弾きますか?
→ Does Meg play the guitar?

1. アレックス (Alex) は朝食を食べますか?
2. サム (Sam) はバレーボールをしますか?
3. 私の祖父はテレビを見ません。
4. あなたの妹はコンピュータを持っていますか?
5. ダニエル (Daniel) はレストランで働いていません。
6. 彼女は毎朝コーヒーを飲みますか?
7. ジュリア (Julia) はバスで学校に行きますか?
8. 私の祖母は駅まで歩きません。
9. リサ (Lisa) は髪が長くありません。
10. その店は8時に閉店しますか?

| Today's Mission | 「お助けマンdoes」を引っ張り出せ！ |

サムはテニスを しますか ？
Does Sam play tennis?

POINT 1 主語が「孤独な第三者」の一般動詞の疑問文には「お助けマンdoes」が登場！

前回学んだように、一般動詞の主語が「孤独な第三者」(he, she, it, Meg, Sam, a girl, my fatherなど) のときは、「お助けマンdoes」が動詞の後ろに隠れています。「お助けマンdo」同様、ふだんはこっそり隠れているけど、助けが必要になると、大活躍してくれます。「孤独な第三者」についてたずねるときは、「お助けマンdoes」を引っ張り出して、文のはじめに置きましょう。

サムは　テニスを　 します 。

Sam play s tennis.

サムは　テニスを　 しますか ？

Does Sam play tennis?

POINT 2 主語が「孤独な第三者」の一般動詞の否定文でも「お助けマンdoes」が活躍！

「～しません」と一般動詞の否定文を作るときにも、「お助けマンdoes」が活躍します。「お助けマンdoes」を引っ張り出して、一般動詞の前にdoes notまたはdoesn'tを置きましょう。

Sam does not play tennis.

あるいは ➜ Sam doesn't play tennis.

さらに詳しく学ぼう

POINT 1 ▶ 主語が「孤独な第三者」の一般動詞の疑問文には「お助けマン does」
が登場！

「孤独な第三者」が主語になっている、一般動詞を使った現在のことを表す文も、Iや
youが主語のときと同じように疑問文にすることができるよ。

前は、「お助けマン do」を引っ張り出しましたが…

考え方は同じだよ。「孤独な第三者」が主語のときに一般動詞の後ろに隠れているのは、
「お助けマンdoes」だったね。「お助けマンdoes」を引っ張り出してから、疑問文を作っ
てみよう。ヒロ君、Sam plays tennis.を疑問文にしてみて。

Does Sam plays tennis?

残念！ doesのお尻が残ってしまったよ。

えっ？ 何のことですか？

下を見てごらん。

    Sam ┃ play_s ┃ tennis. (サムはテニスをします)
      ↓ ◁─「お助けマンdoes」を引っ張り出す！
    Sam ┃ does ┃ play ┃ tennis. ┌「お助けマンdoes」を文のはじめに
疑問文 → ┃ Does ┃ Sam ┃ play ┃ tennis? └置き、？マークをつける

playからdoesのsがはみ出していたけど、そのdoesを引っ張り出すから、playsの
sはなくなるんだ。

playの後ろには誰もいなくなるってことですか？

そのとおり！ じゃあ、ヒロ君、Lucy watches TV.の疑問文は？

doesを引っ張りだすからwatchesのesがなくなって、Does Lucy watch TV?かな。

 正解！　ところで、「孤独な第三者」が主語で、一般動詞がhaveの場合は、隠れている「お助けマンdoes」のパワーでhaveはhasに変身していたけど、「お助けマンdoes」を引っ張り出すと元の姿にもどるってことを忘れないようにね。

Nanako 　has 　a dog.（奈々子はイヌを飼っています。）

↓ ＜ 「お助けマンdoes」を引っ張り出す！

Nanako 　does 　have 　a dog.

疑問文 → 　Does 　Nanako 　have 　a dog? 　「お助けマンdoes」を文のはじめに置き、？マークをつける

 Does Sam play tennis?という疑問文には、どう答えればいいですか？

 これもdoで始まる疑問文への答え方を思い出してみて。

 doから始まる疑問文に答えるときは、そのままdoを使って答えていたので、「お助けマンdoes」から始まる疑問文に答えるときは、doesを使うんですね。

　Does 　Sam 　play 　tennis?

「はい」の場合 　→ Yes, he 　does 　.

「いいえ」の場合 → No, he 　does 　not 　. 　あるいは　No, he 　doesn't 　.

POINT 2 　主語が「孤独な第三者」の一般動詞の否定文でも、「お助けマンdoes」が活躍！

 「〜しません」という否定文のときも「お助けマンdoes」が活躍するんですよね？

 そう。否定を表すnotをつけたdoes notや、これを短くしたdoesn'tを動詞の前に置けばいいんだ。

Sam 　play_s 　tennis

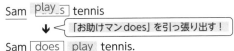 ↓ ＜ 「お助けマンdoes」を引っ張り出す！

Sam 　does 　play 　tennis.

否定文 → Sam 　does 　not 　play 　tennis. あるいは Sam 　doesn't 　play tennis. 　doesに否定を表すnotをつける

 「お助けマンdoes」は隠れるのはヘタだけど、「お助けマンdo」と同じくらいに頼りになるサポーターなんですね。

高速組み立てトレーニング

> 練習するときは、赤色シートをかぶせてやってみてね。

🏃 2段階組み立てトレーニング：普通の文⇒疑問文 🔊 037

手順1 日本語の疑問文の音声の後に、疑問文ではない普通の文の英語の音声が流れます。「お助けマン！」の掛け声が聞こえたら、お助けマンdoesを引っ張り出した英文を口に出して言ってみよう。

手順2 「ジャンプ！」という掛け声が聞こえたら、「お助けマンdoes」を文のはじめに置いて、疑問文を完成させ、口に出して言ってみよう。

手順3 解答例が流れるので、発音を真似て言ってみよう。

例 彼女はボブを知っていますか？
🔔 She knows Bob.
🔔 お助けマンdoesを引っ張り出そう！
🔔 ジャンプ！

💬 言ってみよう！

→ She does know Bob.
→ Does she know Bob?

---

1 ナンシーはチョコレートが好きですか？
🔔 Nancy likes chocolate.
🔔 お助けマンdoesを引っ張り出そう！
🔔 ジャンプ！

💬 言ってみよう！

→ Nancy does like chocolate.
→ Does Nancy like chocolate?

---

2 ケンはギターを弾きますか？
🔔 Ken plays the guitar.
🔔 お助けマンdoesを引っ張り出そう！
🔔 ジャンプ！

💬 言ってみよう！

→ Ken does play the guitar.
→ Does Ken play the guitar?

---

3 彼は7時に家を出ますか？
🔔 He leaves home at seven.
🔔 お助けマンdoesを引っ張り出そう！

🔔 ジャンプ！

💬 言ってみよう！

→ He does leave home at seven.

→ Does he leave home at seven?

---

4 あなたの友達はニュージーランドから来ていますか？
🔔 Your friend comes from New Zealand.
🔔 お助けマンdoesを引っ張り出そう！

🔔 ジャンプ！

💬 言ってみよう！

→ Your friend does come from New Zealand.

→ Does your friend come from New Zealand?

🏃 2段階組み立てトレーニング：普通の文→否定文 038

手順1 日本語の否定文の音声の後に、否定文ではない普通の文の英語の音声が流れます。「お助けマン！」の掛け声が聞こえたら、「お助けマンdoes」を引っ張り出した英文を口に出して言ってみよう。

手順2 「Not！」という音声が聞こえたら、「お助けマンdoes」に否定を表すnotをつけた否定文を完成させ、口に出して言ってみよう。

手順3 解答例が流れるので、発音を真似て言ってみよう。

例 父は緑茶を飲みません。
🔔 My father drinks green tea.
🔔 お助けマンdoesを引っ張り出そう！
🔔 Not!

🗣 言ってみよう！
→ My father <u>does</u> drink green tea.
→ My father <u>doesn't</u> drink green tea.

---

1 サマンサ (Samantha) は鶏肉を食べません。
🔔 Samantha eats chicken.
🔔 お助けマンdoesを引っ張り出そう！
🔔 Not!

🗣 言ってみよう！
→ Samantha does eat chicken.
→ Samantha doesn't eat chicken.

---

2 トムはテレビを見ません。
🔔 Tom watches TV.
🔔 お助けマンdoesを引っ張り出そう！
🔔 Not!

🗣 言ってみよう！
→ Tom does watch TV.
→ Tom doesn't watch TV.

---

3 私の叔母は自転車に乗りません。
🔔 My aunt rides a bicycle.
🔔 お助けマンdoesを引っ張り出そう！
🔔 Not!

🗣 言ってみよう！
→ My aunt does ride a bicycle.
→ My aunt doesn't ride a bicycle.

---

4 私の娘は体育が好きではありません。
🔔 My daughter likes P.E.
🔔 お助けマンdoesを引っ張り出そう！
🔔 Not!

🗣 言ってみよう！
→ My daughter does like P.E.
→ My daughter doesn't like P.E.

🏃 **高速レスポンス** 🔊039

手順 聞こえてくる日本語の文を、瞬時に英語に言い換えよう。ポーズの後で解答例が流れます。

| 例 | ユキはバスケットをしません。 | → Yuki doesn't play basketball. |

🔊 英語で言ってみよう！

1 あなたの息子さんは地下鉄で通学しますか？ → Does your son go to school by subway?
2 母はイタリア語を話しません。 → My mother doesn't speak Italian.
3 私のおいは豚肉を食べません。 → My nephew doesn't eat pork.
4 健太は毎週ジムに行きますか？ → Does Kenta go to a gym every week?
5 あなたのお父さんは温泉が好きですか？ → Does your father like hot springs?

🏃 **高速組み立てチャレンジ！の解答例**

1. Does Alex eat breakfast?　　2. Does Sam play volleyball?
3. My grandfather doesn't watch TV.　　4. Does your sister have a computer?
5. Daniel doesn't work at a restaurant.　　6. Does she drink coffee every morning?
7. Does Julia go to school by bus?　　8. My grandmother doesn't walk to the station.
9. Lisa doesn't have long hair.　　10. Does the store close at eight?

Lesson 9 主語と目的語の違いと使い方

この章では人称代名詞の目的格について学びます。日本語の「誰が」と「誰を」は、英語でははっきりと区別する必要があります。

🏃 **高速組み立てチャレンジ！** 必ず制限時間内に！ 🕐60秒

次の日本語の文を瞬時に英文に直して言ってみよう。(解答例は70ページ)

例 私は彼らのことをよく知っています。

→ I know them very well.

1. 君のイヌは君を大好きです。
2. あなたの国について私に話してください。
3. 私は彼女に毎週末、会います。
4. 母は私たちといっしょに英語を勉強します。
5. 田中夫妻はあなたがたを知っていますか？
6. 彼らをボブ (Bob) のレストランに連れていってください。
7. サリー (Sally) の両親は毎晩、彼女に電話します。
8. 詩織は彼といっしょに入学試験の勉強をします。
9. それを黒板に書きなさい。
10. これはあなたへのものです。

Today's Mission 「誰が」と「誰を」を区別せよ！

彼女は彼を愛しています。
She loves him.

POINT 1 英語では、動詞の直後にある名詞が「～を」を表す！

日本語は「誰が」と「誰を」を「が」や「を」で区別しています。英語には「が」や「を」のような言葉はありませんが、代わりに「語順」によって「誰が」と「誰を」を区別します。動詞の後ろの名詞表現（目的語）が「誰を」を表します。

「誰が」 ➜ 「どうする」 ➜ 「誰を」

主語　　　　　　　動詞　　　　　　　目的語

She　　　　　　　loves　　　　　　　him . (彼女は 彼を 愛しています)

POINT 2 「誰を」の形を覚えよう！

「誰を」を表す表現は、「誰は」や「誰の」と形が異なります。それぞれの正しい形を正確に覚えましょう。

彼は　　　　　　　　　　　　　　　　　　彼を　　彼の
This is John. He is my classmate. I like him . His mother is a doctor.

POINT 3 「誰を」の形は「誰に」や「誰と」などを表すときにも使う！

「誰を」の形は「誰に」や「誰と」などを表すときにも使います。動詞の後ろに置いて love him なら「彼を愛する」ですが、meet him なら「彼に会う」です。前置詞の後ろに置くこともでき、play badminton with him なら「彼とバドミントンをする」という意味になります。

彼に
John lives near my house. I meet him every Sunday.

彼と
John is a good badminton player. I play badminton with him every Sunday.

さらに詳しく学ぼう

 次の2つの日本語の文は、1か所だけ違いがあるんだ。この違いによって意味も大きく変わってしまうんだけど、分かるかな？

> 彼女が　愛している
> 彼女を　愛している

 「が」と「を」の違いですね。「が」と「を」があるから「誰が」「誰を」「愛している」のかが、分かります。

 そういえば、英語には「が」や「を」がないけど、どうやって「誰が」と「誰を」を表すんですか？

 英語は「語順」でそれを表すんだ。以前、英文作成の基本は「主語＋動詞」のセットを作ることだと勉強したね。次の例文を見てごらん。

① <u>Saki and Hiro</u>　　　 <u>love</u>　　 <u>Shiro and Pochi.</u>
　　 誰が　　　　　　　どうする　　 誰を
② <u>Shiro and Pochi</u>　　 <u>love</u>　　 <u>Saki and Hiro.</u>

動詞loveの前の名詞が、「誰が」を表す主語だね。それに対して、動詞loveの直後の名詞が「誰を」を表しているんだ。だから、①は「サキとヒロが　シロとポチを　大好き」なのに対して、②は「シロとポチが　サキとヒロを　大好き」という意味になるんだ。

 同じSaki and Hiroでも、動詞の前にくるか、後にくるかで、「誰が」と「誰を」に意味が変わるから、どっちがどっちを大好きかが反対になるんですね。

 そのとおり。だから英語では語順を間違ってしまうと言いたいことが通じないんだ。

 「彼女は彼を愛しています」を英語にするとどうなるかな？

 「彼」はheだから、She loves he. かな。

「誰が → どうする → 誰を」という語順はバッチリできていたけど、最後のheはhimになるので、She loves him . が正解。人を表す代名詞は、「誰が」なのか、「誰を」なのかによって形を変えるんだ。heは「彼が」という主語のときに使う形、himは「彼を」という目的語のときに使う形なんだ。それぞれの代名詞の形は次の表で覚えてしまおう。

	単数			複数		
	誰が → 誰の → 誰を			誰が → 誰の → 誰を		
自分（話し手）	I	my	me	we	our	us
あなた（聞き手）	you	your	you	you	your	you
自分やあなた以外	he she it	his her its	him her it	they	their	them

POINT 3　「誰を」の形は「誰に」や「誰と」などを表すときにも使う！

She loves him.のloveは「〜を愛する」という他動詞で、必ずその直後に「誰を」を表す名詞表現（目的語）がくるよ。他動詞というのは、「単独ではだめで、常に他の表現といっしょでないと動けない甘えん坊の動詞」なんだ。他動詞の種類によって、「誰を」の形は「誰に」も表すよ。love himなら「彼を愛する」、meet himなら「彼に会う」という具合だね。

「誰を」の形はwith himみたいに前置詞と一緒にも使いますよね。

よく気がついたね。「誰を」を表す代名詞は、動詞の目的語に使う場合に加えて、前置詞の後ろにも使うんだよ。
　　I play table tennis with him . （私は彼と卓球をします）
　　Give it to me . （それを私にください）
　　This is a letter from her . （これは彼女からの手紙です）

一言メモ

I like spring.は「私は → 好む → 春を」という語順だけど、自然な日本語では「私は春が好きです」となるよ。このように動詞の直後の名詞は必ず「〜を」「〜に」という和訳になるという思い込みをしないよう注意しよう。逆に「春が好きです」を英訳するときは、「春が」を主語にしないように気をつけること。

高速組み立てトレーニング

練習するときは、
赤色シートをかぶ
せてやってみてね。

🏃 高速基礎トレーニング 🔊041

【Part 1】 日本語の文を聞き、同じ意味になるよう、(　　) に適切な代名詞を入れて、英文を言っ
てみよう。ポーズの後で、正解の音声が流れるのでリピートしよう。

例　彼について私たちに教えて。　　　　→ Tell (us) about (him).

🔊 言ってみよう！

1	それについて彼に教えて。	→ Tell (him) about (it).
2	私たちについて彼女に教えて。	→ Tell (her) about (us).
3	私について彼女たちに教えて。	→ Tell (them) about (me).
4	彼らについて私に教えて。	→ Tell (me) about (them).
5	彼女について私たちに教えて。	→ Tell (us) about (her).

【Part 2】 次の英文は代名詞だけが日本語のままです。合図の音の後で、瞬時に
すべて英語に直した文を言ってみよう。ポーズの後で解答が流れます。

例　Fred is 彼女の son. She loves
　　彼を.
→ Fred is <u>her</u> son. She loves <u>him</u>.

🔊 言ってみよう！

1　Does 彼女は teach あなたたちに
　English?
→ Does <u>she</u> teach <u>you</u> English?

2　This is 私の friend, Ted. 彼は
　calls 私に every night.
→ This is <u>my</u> friend, Ted. <u>He</u>
　calls <u>me</u> every night.

3　Vicky is 私たちの aunt. 私たちは
　like 彼女を.
→ Vicky is <u>our</u> aunt. <u>We</u> like <u>her</u>.

4　This book is interesting. 私は like
　それを.
→ This book is interesting. <u>I</u> like
　<u>it</u>.

5　彼らは are John's cousins. Take
　彼らを to 彼の house.
→ <u>They</u> are John's cousins. Take
　<u>them</u> to <u>his</u> house.

🏃 高速組み立てチャレンジ！ の解答例

1. Your dog loves you.　　2. Tell me about your country.　　3. I meet her every weekend.
4. My mother studies English with us.　　5. Do Mr. and Mrs. Tanaka know you?
6. Take them to Bob's restaurant.　　7. Sally's parents call her every night.
8. Shiori studies for the entrance exam with him.　　9. Write it on the blackboard.
10. This is for you.

70

🏃 高速穴埋め音読トレーニング 🔊043

> 赤色シートをかぶせてやってみてね。

写真について説明している文を見て、抜けている部分を補いながら音読しよう！

手順1 チャイムの音が聞こえたら、下線を引いた第1文に目をやろう。

手順2 「Start!」という指示が聞こえたら、抜けている代名詞を補いながら、できるだけ自然な速さで、感情を込めて紹介文を音読しよう。

手順3 長いポーズの後に流れるモデル音声を真似て、再度、音読しよう。(日本語訳は246ページ)

1
This is a picture of my grandparents.
(They) live in Hawaii.
I visit (them) every summer.
(Their) house is near large tennis courts.
I play tennis with (them).

2
This is a picture of my English teacher.
(Her) name is Cathy.
(She) is from Australia.
(She) is very kind.
I like (her) very much.

🏃 高速レスポンス 🔊044

手順 聞こえてくる日本語の文を、瞬時に英語に言い換えよう。ポーズの後で解答例が流れます。

例 あなたの好きな映画について話してください。　→ Tell me about your favorite movies.

💬 英語で言ってみよう！

1 私は毎週土曜日に彼らと電話で話をします。
→ I talk with them on the phone every Saturday.

2 テリー (Terry) は毎月あなたがたを訪れますか？
→ Does Terry visit you every month?

3 私の子供たちは毎年夏に彼女と泳ぎに行きます。
→ My children go swimming with her every summer.

4 私たちにあなたのブラジルでの経験について話してください。
→ Tell us about your experiences in Brazil.

5 ジャック (Jack) は私たちのいとこで、私たちは毎週水曜日に彼に会います。
→ Jack is our cousin and we meet him every Wednesday.

wh 疑問文の語順①
wh 語が主格の場合

「お腹がすいているのは誰ですか?」とたずねるとき、日本語の語順を
そのまま英語に置き換えてはいけません。

🏃 **高速組み立てチャレンジ!** 必ず制限時間内に! 🔊045 ⏱60秒

次の日本語の文を瞬時に英文に直して言ってみよう。(解答例は76ページ)

例 誰がその答えを知っていますか?

→ Who knows the answer?

1. 誰が日本語を話しますか?

2. 誰が怒っていますか?

3. 誰が毎日、ピアノを弾きますか?

4. テーブルの上には何がありますか?

5. 毎週、誰がここに来ますか?

6. お腹がすいているのは誰ですか?

7. 大阪で有名なのは何ですか?

8. 誰がその秘密を知っていますか?

9. 英語に興味があるのは誰ですか?

10. 子どもに人気があるのは何ですか?

Today's Mission ▷ wh語と動詞の語順に注意せよ！(1)

誰がパリに住んでいますか？
Who lives in Paris?

POINT 1 ▷ whoで「誰が」をたずねるときは、語順はそのままに！

WhoやWhatなど、「whで始まる疑問の言葉」をwh語と呼びます。「誰がパリに住んでいますか？」の「住む」という動詞の主語が誰なのかを知りたい場合には、「誰が＋どうする」という語順はそのままにして、主語をwh語のwhoに置き換えます。また、<u>主語のwh語は「孤独な第三者」として扱い</u>、一般動詞の後ろには「お助けマンdoes」がサポーターとして隠れています。

Bob live s in Paris.

誰が live s in Paris. } 動詞の後ろに「お助けマンdoes」が

Who live s in Paris? } 隠れている

また、「 誰が イコール 何 」、「 誰が イコール 〜な状態 」、「 誰が いる・ある どこに 」のように主語が誰なのかを知りたい場合も、語順はそのままで、主語をwhoに置き換えるだけです。主語のwh語は「孤独な第三者」として扱うので、「イコール動詞」や「いる・ある動詞」のbe動詞はisを使います。

POINT 2 ▷ whatで「何が」をたずねるときも、語順はそのままに！

主語が何なのかを知りたい場合も、語順はそのままで、主語をwhatに置き換えるだけです。

What come s after the rainy season?

（梅雨の後には何が来ますか？）

What is popular now? （今は、何が人気がありますか？）

What is in the box ? （箱の中には何がありますか？）

73

さらに詳しく学ぼう

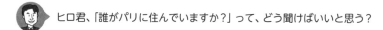 **POINT 1** who で「誰が」をたずねるときは、語順はそのままに！

ヒロ君、「誰がパリに住んでいますか？」って、どう聞けばいいと思う？

えーと、do？does？　あれ、be動詞でもないし…

じゃあ、まずは「ボブはパリに住んでいます」は、英語ではどう言うかな？

「誰が＋どうする」という「主語＋動詞」のセットを最初に作るんだから、「ボブは＋住んでいます」で、Bob lives。「パリに」は場所を表す表現で、in Paris。だから、「ボブはパリに住んでいます」はBob lives in Paris.です。

そのとおり！　「誰がパリに住んでいますか？」は、Bob lives in Paris.の主語であるBobの部分をたずねることになるね。「誰が」という主語について聞くにはwhoという疑問の言葉を使うよ。「誰が」とか「何が」のような英語の疑問の言葉はwhのつづりで始まるものが多いので、まとめてwh語と呼ぶことにしよう。Bob lives in Paris.の場合、「誰が＋どうする」という語順はそのままにして、主語をwh語のwhoに置き換えるとWho lives in Paris?という疑問文が完成するよ。

Bob	live es	in Paris.
誰が	live es	in Paris.
Who	live es	in Paris?
誰が (主語)	どうする (動詞)	

一般動詞は主語によって、sが付いたり、付かなかったりするけど、whoの場合はsが付いていますね。Who live じゃなく、Who lives になっています。

いいところに気がついたね。主語のwh語は「孤独な第三者」として扱うので、一般動詞の後ろには「お助けマンdoes」が隠れているんだ。お助けマンdoesは隠れるのが下手なので、一般動詞の後ろからはみ出してしまうんだったね。

「ポールは忙しいです」は、「ポール」＝「忙しい状態」と考えて、Paul is busy.だけど、「誰が」忙しいのかをたずねたいときは、「誰が」＝「忙しい状態」と考えて、Who is busy?と言えばいいのでしょうか？

Paul	is	busy .
誰が	is	busy .
Who	is	busy ?

誰が（主語）　　イコール（be動詞）　　〜な状態

そう。主語のwh語は「孤独な第三者」として扱うので、be動詞はisになるね。「誰が
あなたの学級担任ですか？」の場合は、 Who is your homeroom teacher ？だね。

「誰がハワイにいますか？」のようにbe動詞を「いる・ある動詞」として使う場合も同
様ですね。「誰」「いる・ある」「ハワイに」と考えて、 Who is in Hawaii ？ですね。

そのとおり。ところで、Who lives in Paris?という質問への答えは、「誰が＋住んで
いる」という語順はそのままで、Bob does.のように答えるのが一般的だよ。Who is
busy?や、Who is in Hawaii?に対しては、Paul is.のように答えるよ。

POINT 2　whatで「何が」をたずねるときも、語順はそのままに！

「何が＋どうする」のように、主語が何なのかを知りたい場合も、語順はそのままで、
主語を「何が」を表すwh語のwhatに置き換えるだけだよ。

The very hot summer comes after the rainy season. （梅雨の後には猛暑が来ます）
　　　　　何が comes after the rainy season.
　　　　 What comes after the rainy season? （梅雨の後には何が来ますか？）

主語のwhatは「孤独な第三者」扱いなので、comeでなくcomesなんですね。

「ピンクの靴下が人気があります」は、「ピンクの靴下」＝「人気のある状態」と考えて、
Pink socks are popular.だけど、「何が」人気なのかをたずねたいときは、「何が」＝
「人気のある状態」と考えて、 What is popular ？と言えばいいのでしょうか？

正解！　Pink socksのbe動詞は複数形のareだけど、主語のwhatは「孤独な第三者」
扱いなので、「イコール動詞」のbe動詞をちゃんとisに変身させていたね。「いる・あ
る動詞」としてのbe動詞の場合も同様で、「箱の中には何がありますか？」は What
is in the box ？ってたずねるよ。

What comes after the rainy season?やWhat is popular now?への答え方は、
それぞれ The very hot summer does.とか、 Pink socks are.になりますね。

高速組み立てトレーニング

> 練習するときは、赤色シートをかぶせてやってみてね。

高速変換トレーニング：日本語→英語 🔊046

手順1 聞こえてくる日本語の文を英語の語順に沿って言ってみよう。
手順2 「English!」という指示が聞こえたら、英語に直して言ってみよう。

例 誰がパリに住んでいますか？

                       誰が   どうする

🔊 英語の語順で言ってみよう → 【 誰が 】【 住んでいます 】【 パリに 】
🔔 English! → 【 Who 】【 lives 】【 in Paris 】?

---

1 誰がそのカメラを持っていますか？

🔊 英語の語順で言ってみよう → 【誰が】【持っています】【そのカメラを】
🔔 English! → 【Who】【 has 】【that camera】?

---

2 誰がその車を運転しますか？

🔊 英語の語順で言ってみよう → 【 誰が 】【 運転します 】【 その車を 】
🔔 English! → 【 Who 】【 drives 】【 the car 】?

---

3 誰がクラシック音楽を好きですか？

🔊 英語の語順で言ってみよう → 【誰が】【好きです】【クラシック音楽を】
🔔 English! → 【Who】【 likes 】【classical music】?

---

4 誰が毎日、コーヒーを飲みますか？

🔊 英語の語順で言ってみよう → 【誰が】【飲みます】【コーヒーを】【毎日】
🔔 English! → 【Who】【drinks】【coffee】【every day】?

---

5 誰が毎年、カナダに行きますか？

🔊 英語の語順で言ってみよう → 【誰が】【行きます】【カナダに】【毎年】
🔔 English! → 【Who】【goes】【to Canada】【every year】?

---

6 誰がその歌をとても上手に歌いますか？

🔊 英語の語順で言ってみよう → 【誰が】【歌います】【その歌を】【とても上手に】
🔔 English! → 【Who】【sings】【the song】【very well】?

---

7 誰が流ちょうにフランス語を話しますか？

🔊 英語の語順で言ってみよう → 【誰が】【話します】【フランス語を】【流ちょうに】
🔔 English! → 【Who】【speaks】【French】【fluently】?

高速組み立てチャレンジ！ の解答例

1. Who speaks Japanese?　　2. Who is angry?　　3. Who plays the piano every day?
4. What is on the table?　　5. Who comes here every week?　　6. Who is hungry?
7. What is famous in Osaka?　　8. Who knows the secret?
9. Who is interested in English?　　10. What is popular with children?

🏃 高速並べ替えトレーニング 🔊047

手順1　「Start!」の掛け声が聞こえたら、日本語の意味を表すように、（　　）内の与えられた単語を5秒間で並べ替えて、頭の中で英文を作ってみよう。文頭にくる単語の最初の文字も小文字で書かれています。

手順2　合図の音が聞こえたら、並べ替えて作った英文を声に出して言ってみよう。

1　今日は誰が欠席ですか？
(is, today, absent, who)?

🔊 並べ替えて言ってみよう！
→ Who is absent today?

2　水泳が上手なのは誰ですか？
(swimmer, who, good, a, is)?
→ Who is a good swimmer?

3　誰がイギリスの歴史に関心がありますか？
(who, in, British, interested, history, is)?
→ Who is interested in British history?

4　ピーマンが好きではないのは誰ですか？
(peppers, like, doesn't who, green)?
→ Who doesn't like green peppers?

5　その大きな木の下には何がありますか？
(the, is, what, tree, under, big)?
→ What is under the big tree?

🏃 高速レスポンス 🔊048

手順　聞こえてくる日本語の文を、瞬時に英語に言い換えよう。ポーズの後で解答例が流れます。

例　今は、何が人気がありますか？
→ What is popular now?

🔊 英語で言ってみよう！

1　山頂にいるのは誰ですか？
→ Who is at the top of the mountain?

2　放課後、トムと一緒にテニスをしているのは誰ですか？
→ Who plays tennis with Tom after school?

3　一週間に一度、剣道の練習をするのは誰ですか？
→ Who practices kendo once a week?

4　ここであなたとバイトをしているのは誰ですか？
→ Who works part-time with you here?

5　山のふもとには何がありますか？
→ What is at the foot of the mountain?

Lesson 11

wh 疑問文の語順②
wh 語が主格以外の場合

「あなたは<u>何を</u>勉強していますか?」の「何を」のような、目的語がwh語になる疑問文を作るにはちょっと特別な手順が必要です。使い方を混同してしまうと、とんちんかんな質問になってしまいます。

高速組み立てチャレンジ! 必ず制限時間内に! 049 60秒

次の日本語の文を瞬時に英文に直して言ってみよう。(解答例は84ページ)

例 毎日、何を飲みますか? → What do you drink every day?

1. 君の趣味は何ですか?

2. あの日本人の女の子は誰ですか?

3. リサ (Lisa) は毎週末、誰に会いますか?

4. 君は放課後、クラスメイトと何を勉強していますか?

5. 毎年冬に、誰を訪れますか?

6. この写真に写っている人たちは誰ですか?

7. あなたの住所は何ですか?

8. あなたのお母さんは、この学校で何を教えていますか?

9. 浩司は何についてブログに書きますか?

10. 彼らは駅の正面で何を売っていますか?

78

Today's Mission wh語と動詞の語順に注意せよ！(2)

あなたは誰を愛していますか？
Who do you love?

POINT 1 whoで「誰を」をたずねるときは、2段階の語順操作をする！

You love ~~do~~ ← Harry . 「お助けマンdo」が隠れている！

You love ~~do~~ ← 誰を . 「お助けマンdo」が隠れている！

誰が (主語) どうする (動詞)　　　誰を (目的語)

→**ステップ1**：wh語を文頭に置く（一番知りたい情報を文頭に置く）

Who you love ~~do~~ 「お助けマンdo」が隠れている！

→**ステップ2**：「お助けマンdo」を主語の前に置く

Who do you love? 完成！

POINT 2 whatで「何を」をたずねるときも、2段階の語順操作をする！

Sam play s ← tennis . 「お助けマンdoes」が隠れている！

Sam play s ← 何を . 「お助けマンdoes」が隠れている！

誰が (主語) どうする (動詞)　　　何を (目的語)

→**ステップ1**：wh語を文頭に置く（一番知りたい情報を文頭に置く）

What Sam play s 「お助けマンdoes」が隠れている！

→**ステップ2**：「お助けマンdoes」を主語の前に置く

What does Sam play? 完成！ 「お助けマンdoes」が移動したので、sはつかない！

POINT 3 「主語 イコール 誰」「主語 イコール 何」の 誰 や 何 をたずねる場合は、①wh語を文頭に置く、②be動詞自身を主語の前に置く、の2段階語順操作をする！

さらに詳しく学ぼう

POINT 1 ▶ whoで「誰を」をたずねるときは、2段階の語順操作をする！

サキさん、「あなたはハリーを愛しています」は英語で何て言うかな？

「あなたは＋愛しています＋ハリーを」で組み立てて、You love Harry. です。

そのとおり。じゃあ、「誰がハリーを愛していますか？」はどう言うかな？

前回やりましたね。主語を wh 語の who に置き換えるだけなので、Who loves Harry? です。主語の Who は「孤独な第三者」扱いでしたね。

正解！ では、今回は You love Harry. の Harry の部分、つまり、「誰を」という目的語について相手にたずねる言い方を紹介するよ。「あなたは誰を愛していますか？」のように「誰を」について尋ねたい場合には、who を使って2段階の手順を踏むんだ。一番知りたい情報が who なので、who を文の最初に置くんだよ。

```
You  love。   ── Harry .   「お助けマン do」が隠れている！
You  love。   ── 誰を .    「お助けマン do」が隠れている！
誰が（主語）どうする（動詞）誰を（目的語）
```

① Who   you love。 ←ステップ1：wh 語を文頭に置く！
② Who do you love? ←ステップ2：「お助けマン do」を主語の前に置く！

「アリスは誰を愛していますか？」の場合は、主語の Alice が「孤独な第三者」なので、love の後ろに隠れている「お助けマン does」を使って、Who does Alice love? ってたずねればいいですよね。

そのとおり。「誰が＋どうする＋誰を」の「誰を」についてたずねたい時は、①who を文頭に置く、②動詞の後ろに隠れている「お助けマン」を主語の前に置く、という2段階操作をすることがポイントだよ。

POINT 2 ▶ whatで「何を」をたずねるときも、2段階の語順操作をする！

「誰が＋どうする＋何を」の「何を」についてたずねたい時は、wh 語が what になるだけで手順はまったく同じで、①what を文頭に置く、②動詞の後ろに隠れている「お助けマン」を主語の前に置く、という2段階操作ですね。

Sam play s ⟶ tennis . 「お助けマンdoes」が隠れている！

Sam play s 何を . 「お助けマンdoes」が隠れている！

誰が(主語)　どうする(動詞)　何を(目的語)

① What 　　Sam play s 　←ステップ1：wh語を文頭に置く！

② What does Sam play? ←ステップ2：「お助けマンdoes」を主語の前に置く！

「お助けマンdoes」が移動したので、sはつかない！

POINT 3 「 主語 イコール 誰 」「 主語 イコール 何 」の 誰 や 何 をたずねる場合は、①wh語を文頭に置く、②be動詞自身を主語の前に置く、の2段階語順操作をする！

「 誰が イコール 何 」の主語の 誰が についてたずねる時は、語順はそのままで、Who is your homeroom teacher ?（誰があなたの学級担任ですか？）のように、主語をwh語のwhoに置き換えるだけでしたね。

じゃあ、「あの背の高い男性はサムです」の「サム」の部分の情報が無い場合、「あの背の高い男性は誰ですか？」のようにたずねるにはどう言えばいいのかな？

「 主語 イコール 誰 」の 誰 の部分がwh語になる場合は、①wh語を文頭に置く、②be動詞自身を主語の前に置く、の2段階語順操作をするんだよ。一番知りたい情報がwh語のwhoの情報なので、whoを文の最初に置くよ。

That tall man is Sam .

That tall man is 誰 .

① Who 　 that tall man is ←ステップ1：wh語を文頭に置く！

② Who is that tall man ? ←ステップ2：be動詞自身を主語の前に置く！

be動詞は、「お助けマンdo」や「お助けマンdoes」のサポートがなくても、自分自身が主語の前にジャンプして疑問文が作れるパワフルな動詞でしたね。

そう。それから 「 主語 イコール 何 」の 何 の部分を知りたい場合は、whatを使って同様に2段階語順操作をすればいいんだ。「あの高いビルは何ですか？」は次のように英文を組み立てるよ。

That tall building is my school .

That tall building is 何 .

① What 　 that tall building is ←ステップ1：wh語を文頭に置く！

② What is that tall building ? ←ステップ2：be動詞自身を主語の前に置く！

81

高速組み立てトレーニング

練習するときは、赤色シートをかぶせてやってみてね。

🏃 2ステップ語順トレーニング：一般動詞編 🔊050

2つのStepをふんで、wh語を使った一般動詞の疑問文を完成させよう。

手順1 日本語の文を英語の語順に沿った文に変えて声に出して言ってみよう。次に5秒間で英語に直して、語順操作の準備を整えよう。

手順2 次の2つのStepをふんで、wh語を使った疑問文を完成させよう。
Step1：wh語を文頭に移動する。
Step2：「お助けマン！」の掛け声が聞こえたら、お助けマンを主語の前に置いて疑問文を完成させて言ってみよう。

例 ルーシーは毎日何を飲みますか？

| | 誰が | どうする | 何を | いつ |

- 🔊 英語の語順で言ってみよう！ → 【ルーシーは】【飲みます】【何を】【毎日】
- 🔔 日本語を英語に直してみよう！ → 【Lucy】【drinks】【what】【every day】
- 🔔 Step1：wh語を移動！ → What Lucy drinks every day
- 🔊 Step2：お助けマン！ → What does Lucy drink every day? 完成！

---

1 ジム (Jim) は図書館で何を読みますか？

誰が　　　どうする　　　何を　　　どこで

- 🔊 英語の語順で言ってみよう！ → 【ジムは】【読みます】【何を】【図書館で】
- 🔔 日本語を英語に直してみよう！ → 【Jim】【reads】【what】【in the library】
- 🔔 Step1：wh語を移動！ → What Jim reads in the library
- 🔊 Step2：お助けマン！ → What does Jim read in the library?

---

2 ポール (Paul) は毎週日曜日に誰に電話をしますか？

誰が　　　どうする　　誰に　　　いつ

- 🔊 英語の語順で言ってみよう！ → 【ポールは】【電話をします】【誰に】【毎週日曜日に】
- 🔔 日本語を英語に直してみよう！ → 【Paul】【calls】【who】【on Sundays】
- 🔔 Step1：wh語を移動！ → Who Paul calls on Sundays
- 🔊 Step2：お助けマン！ → Who does Paul call on Sundays?

---

3 君のお父さんは毎晩、何を料理しますか？

誰が　　　どうする　何を　いつ

- 🔊 英語の語順で言ってみよう！ → 【君のお父さんは】【料理します】【何を】【毎晩】
- 🔔 日本語を英語に直してみよう！ → 【Your father】【cooks】【what】【every night】
- 🔔 Step1：wh語を移動！ → What your father cooks every night
- 🔊 Step2：お助けマン！ → What does your father cook every night?

---

4 彼らは毎週末、誰を手伝いますか？　誰が　　どうする　誰を　　いつ

- 🔊 英語の語順で言ってみよう！ → 【彼らは】【手伝います】【誰を】【毎週末】
- 🔔 日本語を英語に直してみよう！ → 【They】【help】【who】【every weekend】
- 🔔 Step1：wh語を移動！ → Who they help every weekend
- 🔊 Step2：お助けマン！ → Who do they help every weekend?

82

🏃 2ステップ語順トレーニング：be動詞編 🔊051

2つのStepをふんで、wh語を使ったbe動詞の疑問文を完成させよう。

手順1 「主語＝誰」または「主語＝何」の形に変えた日本語を5秒間で英語に直して、語順操作の準備を整えよう。

手順2 次の2つのStepをふんで、wh語を使った疑問文を完成させよう。
Step1：wh語を文頭に移動する。
Step2：be動詞を主語の前に置いて疑問文を完成させて言ってみよう。

例 あの背の高い男性は誰ですか？
　🔔 日本語を英語に直してみよう！
　🔔 Step1：wh語を移動！
　🌀 Step2：be動詞を移動して言ってみよう！

→ 【あの背の高い男性】＝【誰】
→ 【That tall man】is【who】
→ Who that tall man is
→ Who is that tall man?　完成！

---

1 あの山は何ですか？
　🔔 日本語を英語に直してみよう！
　🔔 Step1：wh語を移動！
　🌀 Step2：be動詞を移動して言ってみよう！

→ 【あの山】＝【何】
→ 【That mountain】is【what】
→ What that mountain is
→ What is that mountain?

---

2 この黒い動物は何ですか？
　🔔 日本語を英語に直してみよう！
　🔔 Step1：wh語を移動！
　🌀 Step2：be動詞を移動して言ってみよう！

→ 【この黒い動物】＝【何】
→ 【This black animal】is【what】
→ What this black animal is
→ What is this black animal?

---

3 あの中国人の男の子は誰ですか？
　🔔 日本語を英語に直してみよう！
　🔔 Step1：wh語を移動！
　🌀 Step2：be動詞を移動して言ってみよう！

→ 【あの中国人の男の子】＝【誰】
→ 【That Chinese boy】is【who】
→ Who that Chinese boy is
→ Who is that Chinese boy?

---

4 ステージ上の人たちは誰ですか？
　🔔 日本語を英語に直してみよう！
　🔔 Step1：wh語を移動！
　🌀 Step2：be動詞を移動して言ってみよう！

→ 【ステージ上の人たち】＝【誰】
→ 【The people on the stage】are【who】
→ Who the people on the stage are
→ Who are the people on the stage?

ヒント：2人以上についてたずねるときはbe動詞の形を変身させるのを忘れずに！

---

5 あなたの弟の名前は何ですか？
　🔔 日本語を英語に直してみよう！
　🔔 Step1：wh語を移動！
　🌀 Step2：be動詞を移動して言ってみよう！

→ 【あなたの弟の名前】＝【何】
→ 【Your brother's name】is【what】
→ What your brother's name is
→ What is your brother's name?

🏃 高速レスポンス 🔊052

手順 聞こえてくる日本語の文を、瞬時に英語に言い換えよう。ポーズの後で解答例が流れます。

例 ハリーは誰を愛していますか？　　→ Who does Harry love?

🔊英語で言ってみよう！

1 あなたは毎朝、何を食べますか？　　→ What do you eat every morning?

2 君のお父さんの電話番号は何ですか？　→ What is your father's telephone number?

3 車イスのあの男性は誰ですか？　　→ Who is that man in the wheelchair?

4 ジュディ（Judy）はその花屋の隣で何を売っていますか？　→ What does Judy sell next to the flower shop?

5 ナオの好きな科目は何ですか？　　→ What is Nao's favorite subject?

🏃 高速組み立てチャレンジ！ の解答例

1. What is your hobby?　　2. Who is that Japanese girl?　　3. Who does Lisa meet on weekends?　　4. What do you study with your classmates after school?　　5. Who do you visit every winter?　　6. Who are the people in this picture?　　7. What is your address?　　8. What does your mother teach at this school?　　9. What does Koji write about on his blog?　　10. What do they sell in front of the station?

Lesson 12 whereとwhenを用いた疑問文の作り方

whereやwhenを使った疑問文がうまく作れるようになると、会話の幅がぐっと広がります。でも語順には注意が必要です。

🏃 **高速組み立てチャレンジ！** 必ず制限時間内に！ ⏱(60秒)

次の日本語の文を瞬時に英文に直して言ってみよう。(解答例は90ページ)

例 彼らはどこでサッカーをしますか？

→ Where do they play soccer?

1. 誕生日はいつですか？
2. ミオはどこに住んでいますか？
3. 一番近い駅はどこですか？
4. いつお風呂に入りますか？
5. 君の田舎はどこですか？
6. ボブ (Bob) はそのスーパーにいつ行きますか？
7. あなたのメガネはどこですか？
8. 給料日はいつですか？
9. 田中夫妻は毎週日曜日にどこに買い物に行きますか？
10. あなたはいつクリス (Chris) とギターの練習をしますか？

Today's Mission ▷ 「どこ」「いつ」を探り出せ！

あなたはどこに住んでいますか？
Where do you live?

POINT 1 ▷ whereで「どこ」についてたずねるときは、2段階の語順操作をする！

You　live ~~do~~　in Paris .　「お助けマン do」が隠れている！

You　live ~~do~~　どこに .　「お助けマン do」が隠れている！

誰が（主語）　どうする（動詞）　　どこ

→**ステップ1**：wh語を文頭に置く（一番知りたい情報を文頭に置く）

Where you live ~~do~~　「お助けマン do」が隠れている！

→**ステップ2**：「お助けマン do」を主語の前に置く

Where do you live?　完成！

POINT 2 ▷ 「主語 いる・ある どこに」の どこに についてたずねる場合も、2段階の語順操作！

POINT 3 ▷ whenで「いつ」をたずねるときも、2段階の語順操作をする！

Sam play s tennis いつ .　「お助けマン does」が隠れている！

誰が　　どうする　　何を　　いつ
（主語）　（動詞）　（目的語）

→**ステップ1**：wh語を文頭に置く（一番知りたい情報を文頭に置く）

When Sam play s tennis　「お助けマン does」が隠れている！

→**ステップ2**：「お助けマン does」を主語の前に置く

When does Sam play tennis?　完成！

POINT 4 ▷ 「主語 イコール 何」の 何 のところに「いつ」を表す内容がくる場合も2段階操作！

87

さらに詳しく学ぼう

POINT 1 ▶ where で「どこ」についてたずねるときは、2段階の語順操作をする！

 ヒロ君、「あなたはどこに住んでいますか？」は英語で何て言うかな？

 「どこに」？ えっと、who でもないし、what でもないし…、うーん、何だろう？

 場所について知りたいときは、新しい wh 語の where を使うんだよ。

 where ってどうやって使うんですか？

 基本的な手順は who や what を使った疑問文と同じなんだ。まず最初に日本語の文を「誰が・何が＋どうする」という「主語＋動詞」がセットになる文に変換してみよう。「あなたはどこに住んでいますか？」を「どこに」を残したまま英語の語順にしてみて。

 「あなたは＋住んでいます＋ どこに 」なので、You live どこに .

 そうだね。「どこに」を表す wh 語の where を文の冒頭に置いたら、あとは「誰を」や「何を」をたずねるときに習った手順とまったく同じ2段階の語順操作だよ。

     Where you live ? ←ステップ1：wh語を文頭に置く！（一番知りたい情報を文頭に置く）
     Where do you live? ←ステップ2：「お助けマン do」を主語の前に置く！

POINT 2 ▶ 「 主語 いる・ある どこに 」の どこに についてたずねる場合も、2段階の語順操作！

 じゃあ、サキさん、「あなたの学校はどこですか？」は英語で何て言う？動詞は「いる・ある動詞」としての be 動詞を使うけど、以前学んだ「イコール動詞」としての be 動詞を使った wh 疑問文の作り方と同じだよ。

 「いる・ある動詞」の be 動詞を使った英文は、「 主語 いる・ある どこに 」のパターンだから（Lesson 5参照）、「 あなたの学校 いる・ある どこに 」と考えればいいですね。2段階の語順操作をして、Where is your school? になります。

     Your school is どこに
   Where your school is ←ステップ1：wh語を文頭に置く！
   Where is your school ? ←ステップ2：be動詞自身を主語の前に置く！

POINT 3 ▶ whenで「いつ」をたずねるときも、2段階の語順操作をする！

サキさん、「サムは毎週日曜日にテニスをします」は英語で何て言うかな？

「サムは＋します＋テニスを＋毎週日曜日に」の語順で組み立てるので、Sam plays tennis on Sundays. です。

そうだね。じゃあ、時間に関する情報がなくて、「サムはいつテニスをしますか？」って相手にたずねたい時はどう言えばいいかな？

「いつ」のように時間について知りたいときに使うwh語はwhenですよね。Sam [plays] tennis [いつ]. と考えて、一番知りたい情報である [いつ] を表す when を文の一番最初に置いてから、play の後ろに隠れている「お助けマン does」を引っ張り出して主語の前に置きます。

　　　　Sam [play s] tennis [いつ].
[When] Sam [play s] tennis ←ステップ1：wh語を文頭に置く！（一番知りたい情報を文頭に置く）
[When] [does] Sam play tennis? ←ステップ2：「お助けマン does」を主語の前に置く！

POINT 4 ▶ 「[主語] イコール [何] 」の [何] のところに「いつ」を表す内容がくる場合も2段階操作！

動詞がbe動詞の場合も同様に考えればいいよ。ヒロ君、「ジュンの誕生日はいつですか？」は英語でどういうかな？

Jun's birthday is [いつ]. と考えて、あとは2段階の語順操作ですね。
　　　　　　[Jun's birthday] is [いつ].
[When] [Jun's birthday] is ←ステップ1：wh語を文頭に置く！
[When] is [Jun's birthday]? ←ステップ2：be動詞自身を主語の前に置く！

一言メモ

Sam plays tennis in the park on Sundays. の時間を表す「毎週日曜日に」や、場所を表す「公園で」は、それぞれ「毎週日曜日に→します」、「公園で→します」のように動詞「します」を説明している言葉だね。このように動詞に対して、時間や場所などを説明する言葉を文法用語で「副詞（ふくし）」と呼んでいるよ。時間や場所を表す副詞は、文の最後に置くのが基本的な語順だよ。時間と場所の両方が出てくる場合は、in the park ➡ on Sundays のように「場所 ➡ 時間」の順で並べよう。「どこ ➡ いつ、ドイツ！」のかけ声で覚えておくと忘れないよ。

高速組み立てトレーニング

> 練習するときは、赤色シートをかぶせてやってみてね。

🏃 2ステップ語順トレーニング 🔊054

2つのStepをふんで、wh語を使った疑問文を完成させよう。

手順1 日本語の文を英語の語順に沿った文に変えて声に出して言ってみよう。次に5秒間で英語に直して、語順操作の準備を整えよう。

手順2 次の2つのStepをふんで、wh語を使った疑問文を完成させよう。
Step1：wh語を文頭に移動する。
Step2：「お助けマン！」の掛け声が聞こえたら、お助けマンを主語の前に置いて疑問文を完成させて言ってみよう。

例 どこで夕食を食べますか？

		誰が	どうする	何を	どこで
🔔 英語の語順で言ってみよう！	→	【あなたは】	【食べます】	【夕食を】	【どこで】
🔔 日本語を英語に直してみよう！	→	【 You 】	【 eat 】	【 dinner 】	【 where 】

🔔 Step1：wh語を移動！ → Where you eat dinner
🔔 Step2：お助けマン！ → Where do you eat dinner? 完成！

---

1 彼はいつシャワーを浴びますか？

🔔 英語の語順で言ってみよう！ → 【彼は】【浴びます】【シャワーを】【いつ】
🔔 日本語を英語に直してみよう！ → 【He】【takes】【a shower】【when】
🔔 Step1：wh語を移動！ → When he takes a shower
🔔 Step2：お助けマン！ → When does he take a shower?

---

2 あなたたちはどこで英語を勉強しますか？

🔔 英語の語順で言ってみよう！ → 【あなたたちは】【勉強する】【英語を】【どこで】
🔔 日本語を英語に直してみよう！ → 【You】【study】【English】【where】
🔔 Step1：wh語を移動！ → Where you study English
🔔 Step2：お助けマン！ → Where do you study English?

---

3 ナオキはいつコーヒーを飲みますか？

🔔 英語の語順で言ってみよう！ → 【ナオキは】【飲みます】【コーヒーを】【いつ】
🔔 日本語を英語に直してみよう！ → 【Naoki】【drinks】【coffee】【when】
🔔 Step1：wh語を移動！ → When Naoki drinks coffee
🔔 Step2：お助けマン！ → When does Naoki drink coffee?

🏃 高速組み立てチャレンジ！ の解答例

1. When is your birthday?　　2. Where does Mio live?　　3. Where is the nearest station?

4. When do you take a bath?　　5. Where is your hometown?

6. When does Bob go to the supermarket?　　7. Where are your glasses?

8. When is your payday?　　9. Where do Mr. and Mrs. Tanaka go shopping on Sundays?

10. When do you practice the guitar with Chris?

🏃 高速並べ替えトレーニング 🔊055

手順1　「Start!」の掛け声が聞こえたら、日本語の意味を表すように、（　　）内の与えられた単語を5秒間で並べ替えて、頭の中で英文を作ってみよう。文頭にくる単語の最初の文字も小文字で書かれています。

手順2　合図の音が聞こえたら、並べ替えて作った英文を声に出して言ってみよう。

1　君たちの学園祭はいつですか？
(school, your, is, when, festival)?
　🔊 並べ替えて言ってみよう！
→ When is your school festival?

2　あなたの新しい職場はどこですか？
(office, where, your, is, new)?
→ Where is your new office?

3　彼らは放課後、どこでバレーボールをしますか？
(where, school, play, they, after, volleyball, do)?
→ Where do they play volleyball after school?

4　ご両親の結婚記念日はいつですか？
(anniversary, parents', when, wedding, your, is)?
→ When is your parents' wedding anniversary?

5　新しい靴はどこで買いますか？
(new, you, where, shoes, your, do, buy)?
→ Where do you buy your new shoes?

6　次の国民の祝日はいつですか？
(When, holiday, next, is, the, national)?
→ When is the next national holiday?

🏃 高速レスポンス 🔊056

手順　聞こえてくる日本語の文を、瞬時に英語に言い換えよう。ポーズの後で解答例が流れます。

例　あなたのロッカーはどこですか？　→ Where is your locker?

　🔊 英語で言ってみよう！

1　あなたのお母さんは、いつテレビを見ますか？
→ When does your mother watch TV?

2　コアラはオーストラリアのどこに住んでいますか？
→ Where in Australia do koalas live?

3　君のプレゼンはいつ？
→ When is your presentation?

4　美和子の好きな本屋はどこにありますか？
→ Where is Miwako's favorite bookstore?

5　君のお父さんはいつ新聞を読みますか？
→ When does your father read the newspaper?

Lesson 13 「what ＋名詞」の形の 疑問文の作り方

whatを使って、「何が？」「何を？」とたずねる疑問文の作り方を既に学びました。今回は、whatを使って「どんな～？」と聞くときの語順を身につけましょう。

🏃 **高速組み立てチャレンジ！**　必ず制限時間内に！ 057 60秒

次の日本語の文を瞬時に英文に直して言ってみよう。(解答例は98ページ)

例 あなたのカバンは何色ですか？ ➡ What color is your bag?

1. そのラジオ番組は何時に始まりますか？

2. 今日は何曜日ですか？

3. どんな鳥が好きですか？

4. サラ (Sarah) はどんな音楽が好きですか？

5. たいてい何時に起きますか？

6. ハリー (Harry) のスーツケースには何色が一番いいですか？

7. あなたの娘さんはどんな科目が好きですか？

8. 英語より簡単なのは何語ですか？

9. どんな種類の映画をよく見ますか？

10. 中学生には何色が人気ですか？

Today's Mission ▷ whatプラスを使いこなせ！

あなたは何色が好きですか？
What color do you like?

POINT 1 ▶ **whatに他の語をプラスすると、いろいろな質問ができる！**

wh語に他の語をプラスした表現を「whプラス」と呼びます。これが使いこなせるようになると、質問の幅が広がります。まずは「whatプラス」を学びましょう。

色をたずねる	➡	what color
時間をたずねる	➡	what time
曜日をたずねる	➡	what day
種類をたずねる	➡	what kind of music

POINT 2 ▶ **「whatプラス」を使った疑問文の作り方は2タイプある！**

① 「whatプラス」が「主語」の場合：語順はそのまま！

➡ 「どうする・どうです」という動詞表現を主語の直後に置く！

What color matches her personality?

（何色が彼女の性格に合いますか？）

What color is popular? （何色が人気ですか？）

② 「whatプラス」が「主語以外」の場合：2段階の語順操作をする！

➡ 「お助けマンdo/does」や「be動詞」を主語の前に置く！

What color do you like? （何色が好きですか？）

What color is your car? （あなたの車は何色ですか？）

93

さらに詳しく学ぼう

what に他の語をプラスすると、いろいろな質問ができる！

高山先生、おかげさまでこれまで学んだwho、what、when、whereで、もう何でも質問できるようになりました！

確かにいろいろなことが聞けるようになったね。では、「あなたは何色が好き？」って聞いてみて。

えーと、what....ん？何だろう？

じゃあ、「あなたは何が好き？」は英語で？

What do you like?です。

そのとおり。「何？」を聞いているのでwh語のwhatを使うね。「何色？」は、whatに「色」という意味のcolorという語をプラスして、what colorとなるよ。「あなたは何色が好き？」はwhatでなく、what colorを使って、What color do you like?と言うんだ。what colorのように、wh語に他の語をプラスした表現を「whプラス」と呼ぶよ。今回はwhatに他の語をくっつけた「whatプラス」について学ぼう。

「whatプラス」にはどんなものがあるんですか？

こんな表現がよく使われるよ。
「どんな色？」　➡　"What color does Jane like?" "She likes red."
「何時？」　➡　"What time do you get up?" "At six."
「何曜日？」　➡　"What day is it today?" "It's Wednesday"

さらに、「種類」という意味のkindを使って、What kind of〜？で、「どんな種類の〜？」のように、種類やジャンルをたずねることができるよ。
「どんな種類の音楽？」➡　"What kind of music do you like?"
"I like pop music." (ポップスが好きです)

――一言メモ――

What kind of〜？の後ろに「数えられる名詞」が来る場合は、「冠詞なしの単数形」でも複数形でも、どちらもOKだよ。相手が複数のジャンルをあげて回答すると期待して質問する場合は、複数形を使うことがよくあるよ。What kind of movie/movies do you like？

POINT 2 「whatプラス」を使った疑問文の作り方は2タイプある！

 「whatプラス」を使った疑問文の作り方は、これまでに習ったwh語を使った疑問文と同じだよ。

 wh語が主語なのか、主語でないのかによって、語順操作が違いましたね。

 そのとおり。同様に、「whatプラス」が主語の場合は、語順はそのままになるよ。

    Pink   matches   her personality. （ピンク色は彼女の性格に合います）
    何色が   matches   her personality.
語順：何が（主語）＋ どうする（動詞）＋ 何に（目的語）

↓ 語順はそのままで、主語をwhatプラスに置き換えるだけ！

   What color matches her personality? （何色が彼女の性格に合いますか？）

 be動詞を使った文でも同じですよね。「青が人気があります」はBlue is popular.だけど、「何色が人気ですか？」と言いたいときは、主語をwhat colorに置き換えて、What color is popular?となりますね。

 wh語が主語以外の場合は、2段階の語順操作をするんでしたね。

一般動詞

      You like green.
      You like 何色を
    語順：誰が（主語）＋ どうする（動詞）＋ 何を（目的語）
      You like what color .
What color you like   ←**ステップ1**：「whatプラス」を文頭に置く！
What color do you like? ←**ステップ2**：「お助けマンdo」を主語の前に置く！

be動詞

      Your car is red.
      Your car is 何色
    語順：何が（主語）＋ イコール（be動詞）＋ ～な状態
      Your car is what color
What color your car is   ←**ステップ1**：「whatプラス」を文頭に置く！
What color is your car? ←**ステップ2**：be動詞自身を主語の前に置く！

高速組み立てトレーニング

練習するときは、
赤色シートをかぶ
せてやってみてね。

🏃 2ステップ語順トレーニング 🔊058

2つのStepをふんで、「whatプラス」を使った疑問文を完成させよう。

手順1 日本語の文を英語の語順に沿った文に変えて声に出して言ってみよう。次に5秒間で
英語に直して、語順操作の準備を整えよう。

手順2 次の2つのStepをふんで、「whatプラス」を使った疑問文を完成させよう。
Step1：「whatプラス」を文頭に置く。
Step2：「お助けマン！」の掛け声が聞こえたら、お助けマンを主語の前に置いて疑問
文を完成させて言ってみよう。

例 どのサイズが好きですか？

		誰が	どうする	何を
🔊 英語の語順で言ってみよう！	→	【あなたは】	【好きです】	【どのサイズが】
🔔 日本語を英語に直してみよう！	→	【 You 】	【 like 】	【 what size 】
🔔 Step 1：what プラス移動！	→	What size you like		
🔊 Step 2：お助けマン！	→	What size do you like?　完成！		

---

1 あなたたちは何時に夕食を食べますか？

		誰が	どうする	何を	いつ
🔊 英語の語順で言ってみよう!!	→	【あなたたちは】	【食べます】	【夕食を】	【何時に】
🔔 日本語を英語に直してみよう！	→	【You】	【eat】	【dinner】	【what time】
🔔 Step 1：what プラス移動！	→	What time you eat dinner			
🔊 Step 2：お助けマン！	→	What time do you eat dinner?			

---

2 カレン (Karen) はどんな本を読みますか？

		誰が	どうする	何を
🔊 英語の語順で言ってみよう！	→	【カレンは】	【読みます】	【どんな本を】
🔔 日本語を英語に直してみよう！	→	【Karen】	【reads】	【what kind of books】
🔔 Step 1：what プラス移動！	→	What kind of books Karen reads		
🔊 Step 2：お助けマン！	→	What kind of books does Karen read?		

---

3 君とテッド (Ted) は何時にランチを食べますか？

		誰が	どうする	何を	いつ
🔊 英語の語順で言ってみよう！	→	【君とテッドは】	【食べます】	【ランチを】	【何時に】
🔔 日本語を英語に直してみよう！	→	【you and Ted】	【have】	【lunch】	【what time】
🔔 Step 1：what プラス移動！	→	What time you and Ted have lunch			
🔊 Step 2：お助けマン！	→	What time do you and Ted have lunch?			

---

4 あなたのお兄さんはどんな音楽を聴きますか？

		誰が	どうする	何を
🔊 英語の語順で言ってみよう！	→	【あなたのお兄さんは】	【聴きます】	【どんな音楽を】
🔔 日本語を英語に直してみよう！	→	【Your brother】	【listens to】	【what kind of music】
🔔 Step 1：what プラス移動！	→	What kind of music your brother listens to		
🔊 Step 2：お助けマン！	→	What kind of music does your brother listen to?		

5 どんなスポーツが好きですか？　　　　　誰が　　　どうする　　　　何を
　🔊 英語の語順で言ってみよう！　➔【あなたは】【好きです】【どんなスポーツが】
　🔔 日本語を英語に直してみよう！　➔【 You 】【 like 】【 what sports 】
　🔔 Step 1：what プラス移動！　➔ What sports you like
　🔊 Step 2：お助けマン！　➔ What sports do you like?

6 あなたの両親は何語を話しますか？　　　誰が　　　どうする　　　何を
　🔊 英語の語順で言ってみよう！　➔【あなたの両親は】【話します】【何語を】
　🔔 日本語を英語に直してみよう！　➔【Your parents】【speak】【what language】
　🔔 Step 1：what プラス移動！　➔ What language your parents speak
　🔊 Step 2：お助けマン！　➔ What language do your parents speak?

🏃 高速並べ替えトレーニング 🔊059

手順1 「Start!」の掛け声が聞こえたら、日本語の意味を表すように、（　　）内の与えられた単語を5秒間で並べ替えて、頭の中で英文を作ってみよう。文頭にくる単語の最初の文字も小文字で書かれています。

手順2 合図の音が聞こえたら、並べ替えて作った英文を声に出して言ってみよう。

1 どんなテレビ番組が好きですか？　　　🔊 並べ替えて言ってみよう！
(of, you, TV, like, what,　　➔ What kind of TV programs
programs, kind, do)?　　　　do you like?

2 トムの車は何色ですか？
(is, car, color, what, Tom's)?　➔ What color is Tom's car?

3 どんな仕事がしたいですか？
(do, want, of, job, what, you,　➔ What kind of job do you
kind)?　　　　　　　　　want?

4 何時にお風呂に入りますか？
(bath, you, time, a, what, do,　➔ What time do you take a
take)?　　　　　　　　bath?

5 君のコートは何色ですか？
(what, is, coat, color, your)?　➔ What color is your coat?

6 どんなイヌが欲しいですか？
(what, you, do, want, kind, dog,　➔ What kind of dog do you
of)?　　　　　　　　　want?

🏃 高速レスポンス 🔊 060

手順 聞こえてくる日本語の文を、瞬時に英語に言い換えよう。ポーズの後で解答例が流れます。

例	あなたの自転車は何色ですか？	→ What color is your bike?

🔊 英語で言ってみよう！

1	何の歌が子供たちに人気ですか？	→ What song is popular with children?
2	健太は何の教科が好きですか？	→ What subject does Kenta like?
3	友達と一緒に何語を勉強していますか？	→ What language do you study with your friend?
4	どんな楽器を弾きますか？	→ What musical instruments do you play?
5	あなたの息子さんはどんな種類の映画が好きですか？	→ What kind of movies does your son like?

🏃 高速組み立てチャレンジ！ の解答例

1. What time does the radio program start?　2. What day is it today?　3. What birds do you like?　4. What kind of music does Sarah like?　5. What time do you usually get up?　6. What color is the best for Harry's suitcase?　7. What subjects does your daughter like?　8. What languages are easier than English?　9. What kind of movies do you often see?　10. What color is popular among junior high school students?

Lesson 14　howを用いた疑問文の作り方

howを使って「どのように」「どのような」とたずねたり、数や量について質問する際の語順を学びましょう。語順を間違えるととんちんかんな質問になってしまうことも…。

> How are you old?

🏃 **高速組み立てチャレンジ！** 必ず制限時間内に！

次の日本語の文を瞬時に英文に直して言ってみよう。(解答例は106ページ)

例 このカバンはいくらですか？ ➡ How much is this bag?

1. ご両親はいかがですか？

2. 娘さんは何歳ですか？

3. 和英辞書は何冊持っていますか？

4. 週末はどのように過ごしますか？

5. 奈々子の弟の身長はどれくらいですか？

6. お名前はどのようにつづりますか？

7. あそこにある冷蔵庫はおいくらですか？

8. お風呂にはどれくらいの時間入っていますか？

9. どれくらいの生徒が彼女のロシア語の授業を受けていますか？

10. この大きなお寺はどれくらい古いのですか？

Today's Mission ▷ howプラスを使いこなせ！

あなたは何歳ですか？
How old are you?

POINT 1 ▷ **howは「どのように」や「どのような」をたずねるwh語の仲間！**
howは、つづりはwhで始まりませんがwh語の仲間です。「どのように」という「手段」についてたずねたり、「どのような」という「状態」についてたずねるときに使います。

How do you come to school?　どうやって通学しているの？（手段）
How are you?　　　　　　　調子はどう？（状態）

POINT 2 ▷ **howに他の語をプラスすると、いろいろな質問ができる！**
「whatプラス」のようにhowに他の語をプラスした表現を「howプラス」と呼びます。これが使いこなせると、質問の幅が広がります。

数をたずねる　　　　　　→　how many students
量をたずねる　　　　　　→　how much water
年齢・年数をたずねる　→　how old

POINT 3 ▷ **「howプラス」を使った疑問文の作り方は2タイプある！**

①「howプラス」が「主語」の場合：語順はそのまま！
→　「どうする・どうです」という動詞表現を主語の直後に置く！
How many students take this class?
（何人の生徒がこの授業を取っていますか？）

②「howプラス」が「主語以外」の場合：2段階の語順操作をする！
→　「お助けマンdo/does」や「be動詞」を主語の前に置く！
How many students does Mr. Yamada teach?
（山田先生は何人の生徒を教えていますか？）
How old are you?（あなたは何歳ですか？）

101

さらに詳しく学ぼう

POINT 1 howは「どのように」や「どのような」をたずねるwh語の仲間！

これまでさまざまなwh語を学んできたけど、今日は新しいwh語を紹介するよ。ただ、このwh語はwhのつづりで始まらないんだ。

これまで習ったwho、what、when、whereは全部whのつづりで始まっていましたね。whがつかないwh語があるんですか!?

howがそれだよ。howは「どのように」という「手段」についてたずねたり、「どのような」という「状態」についてたずねるときに使うよ。疑問文の作り方は、whereやwhenを使った疑問文と同じく、2段階の語順操作をするんだ。動詞が一般動詞の場合はこうだね。

You come to school by bus . (君はバスで通学しています)
「お助けマンdo」が隠れている！

You come to school どのように . 「お助けマンdo」が隠れている！

誰が　　　どうする　　　　どこへ　　　どのように
(主語)　　(動詞)

You come to school how .

ステップ1：wh語を文頭に置く！（一番知りたい情報を文頭に置く）

→ How you come to school. 「お助けマンdo」が隠れている！

ステップ2：「お助けマンdo/does」を主語の前に置く！

→ How do you come to school? (君はどうやって通学しているの?)

動詞がbe動詞で、「 主語 イコール ～な状態 」の「～な状態」についてたずねる場合は、次のように2段階の操作をしますね。

You are tired . (あなたは疲れています)
You are どのような状態
You are how
How you are ←**ステップ1：wh語を文頭に置く！**（一番知りたい情報を文頭に置く）
How are you ? (調子はどう?) ←**ステップ2：be動詞自身を主語の前に置く！**

答え方はそれぞれ、By bus. / By train.とか、I'm fine. / I'm tired.のように言えばいいよ。

POINT 2　howに他の語をプラスすると、いろいろな質問ができる！

 前回学んだwhat color（何色）やwhat time（何時）とかの「whatプラス」みたいに、howに他の語をプラスした「howプラス」なんてのもあるんですか？

 あるよ。「howプラス」には次のような表現があるんだ。いろいろ質問できるね。

「何人の生徒？」　　　　→　"How many students study Spanish?"
　　　　　　　　　　　　　 "About 20 students."
　　　　　　　　　　　　　（「何人の生徒がスペイン語を学習していますか？」「約20人です」）

「どれくらいの量の水？」→　"How much water do you want?" "One liter."
　　　　　　　　　　　　　（「どれくらいの量の水が欲しいですか？」「1リットルです」）

「何歳？」　　　　　　　 →　"How old is your brother?" "He is 10 years old."
　　　　　　　　　　　　　（「弟さんは何歳ですか？」「10歳です」）

POINT 3　「howプラス」を使った疑問文の作り方は2タイプある！

 「howプラス」を使った疑問文の作り方は、「whatプラス」を使った疑問文の作り方とまったく同じですよね。

何人の生徒が　　　　　　take　　　this class.
　誰が（主語）　　　　　 どうする（動詞）　何を（目的語）

How many students　take　　　this class?

> 語順はそのままで、主語をhowプラスに置き換えるだけ！

 whatやwhoが単独で主語になる場合は、「孤独な第三者」として扱うので、動詞にsをつけたりしたけど、上の例文のように「whプラス」の主語が複数の場合は、動詞の形もそれに合わせることに注意しよう。これは、次のbe動詞の場合も同じだよ。

How many students are　absent?（何人の生徒が欠席ですか？）
　誰が（主語）　　　 イコール（be動詞）＋〜な状態

> 語順はそのままで、主語をwhプラスに置き換えるだけ！

 「howプラス」が主語以外の場合は、2段階の語順操作ですね。

Mr. Yamada　teach es　何人の生徒を
　　　　　　　　　　　　「お助けマンdoes」が隠れている！

　誰が（主語）　どうする（動詞）　誰を（目的語）

Mr. Yamada　teach es　how many students
　　　　　　　　　　　　「お助けマンdoes」が隠れている！

How many students Mr. Yamada teach es　←ステップ1:「howプラス」を文頭に置く！
How many students does Mr. Yamada teach?
　　　　　　↑ステップ2:「お助けマンdoes」を主語の前に置く！

103

高速組み立てトレーニング

> 練習するときは、赤色シートをかぶせてやってみてね。

🏃 2ステップ語順トレーニング 🔊 062

2つのStepをふんで、「how プラス」を使った疑問文を完成させよう。

手順1 日本語の文を英語の語順に沿った文に変えて声に出して言ってみよう。次に5秒間で英語に直して、語順操作の準備を整えよう。

手順2 次の2つのStepをふんで、「how プラス」を使った疑問文を完成させよう。
Step1:「how プラス」を文頭に置く。
Step2:「お助けマン!」の掛け声が聞こえたら、お助けマンを主語の前に置いて疑問文を完成させて言ってみよう。

例 山田先生は何人の生徒を教えていますか?

		誰が	どうする	誰を
🔊	英語の語順で言ってみよう!	→ 【山田先生は】【教えています】【何人の生徒を】
🔔	日本語を英語に直してみよう!	→ 【Mr. Yamada】【teaches】【how many students】
🔔	Step 1 : how プラス移動!	→ How many students Mr. Yamada teaches
🔊	Step 2 : お助けマン!	→ How many students does Mr. Yamada teach?

---

1 毎日、何冊、本を読みますか?

誰が　どうする　何を　いつ

- 🔊 英語の語順で言ってみよう! → 【あなたは】【読みます】【何冊の本を】【毎日】
- 🔔 日本語を英語に直してみよう! → 【You】【read】【how many books】【every day】
- 🔔 Step 1 : how プラス移動! → How many books you read every day
- 🔊 Step 2 : お助けマン! → How many books do you read every day?

---

2 ルーシー (Lucy) は毎日、どれくらいの水を飲みますか?

誰が　どうする　何を　いつ

- 🔊 英語の語順で言ってみよう! → 【ルーシーは】【飲みます】【どれくらいの水を】【毎日】
- 🔔 日本語を英語に直してみよう! → 【Lucy】【drinks】【how much water】【every day】
- 🔔 Step 1 : how プラス移動! → How much water Lucy drinks every day
- 🔊 Step 2 : お助けマン! → How much water does Lucy drink every day?

---

3 ダニエル (Daniel) には弟が何人いますか?

誰が　どうする　何を

- 🔊 英語の語順で言ってみよう! → 【ダニエルは】【持っています】【何人の弟を】
- 🔔 日本語を英語に直してみよう! → 【Daniel】【has】【how many brothers】
- 🔔 Step 1 : how プラス移動! → How many brothers Daniel has
- 🔊 Step 2 : お助けマン! → How many brothers does Daniel have?

---

4 どれくらい頻繁にこの辞書を使いますか?

誰が　どうする　何を　どれくらい

- 🔊 英語の語順で言ってみよう! → 【あなたは】【使います】【この辞書を】【どれくらい頻繁に】
- 🔔 日本語を英語に直してみよう! → 【You】【use】【this dictionary】【how often】
- 🔔 Step 1 : how プラス移動! → How often you use this dictionary
- 🔊 Step 2 : お助けマン! → How often do you use this dictionary?

5　あなたたちは、どれくらいの肉が欲しいですか？

		誰が	どうする	何を

- 🗣 英語の語順で言ってみよう！　→　【あなたたちは】【欲しいです】【どれくらいの肉を】
- 🔔 日本語を英語に直してみよう！　→　【You】【want】【how much meat】
- 🔔 Step 1：howプラス移動！　→　How much meat you want
- 🗣 Step 2：お助けマン！　→　How much meat do you want?

6　ジュリア (Julia) は毎日、どれくらい (長く) 眠りますか？

- 🗣 英語の語順で言ってみよう！　→　【ジュリアは】【眠ります】【どれくらい長く】【毎日】
- 🔔 日本語を英語に直してみよう！　→　【Julia】【sleeps】【how long】【every day】
- 🔔 Step 1：howプラス移動！　→　How long Julia sleeps every day
- 🗣 Step 2：お助けマン！　→　How long does Julia sleep every day?

🏃 高速並べ替えトレーニング 🔊 063

手順1　「Start!」の掛け声が聞こえたら、日本語の意味を表すように、(　　) 内の与えられた単語を5秒間で並べ替えて、頭の中で英文を作ってみよう。文頭にくる単語の最初の文字も小文字で書かれています。

手順2　合図の音が聞こえたら、並べ替えて作った英文を声に出して言ってみよう。

1　おじいさんとおばあさんの調子はどうですか？
(your, are, grandparents, how)？　🗣 並べ替えて言ってみよう！　→　How are your grandparents?

2　その航空券はいくらですか？
(how, ticket, that, is, airline, much)？　→　How much is that airline ticket?

3　昭夫はどうやって通学していますか？
(to, does, Akio, school, go, how)？　→　How does Akio go to school?

4　このラジオ番組はどれくらいの長さですか？
(this, how, program, is, radio, long)？　→　How long is this radio program?

5　何人の観光客が毎年、日本を訪れますか？
(Japan, year, many, how, tourists, every, visit)？　→　How many tourists visit Japan every year?

6　新しい英語の先生は何歳ですか？
(English, how, new, your, teacher, is, old)？　→　How old is your new English teacher?

105

🏃 高速レスポンス 🔊064

手順 聞こえてくる日本語の文を、瞬時に英語に言い換えよう。ポーズの後で解答例が流れます。

例 その川はどれくらいの長さですか？ → How long is that river?

＿＿＿＿＿＿＿＿＿＿＿＿＿＿＿＿＿＿＿＿＿＿＿＿＿＿＿＿＿＿＿＿＿＿＿＿＿

🔊 英語で言ってみよう！

1 毎年、どれくらいの数の生徒がその入試を受験しますか？ → How many students take that entrance examination every year?

2 その新幹線はどれくらいの速さですか？ → How fast is that bullet train?

3 骨折した腕はいかがですか？ → How is your broken arm?

4 毎日、どれくらい緑茶を飲みますか？ → How much green tea do you drink every day?

5 ここから東京駅まではバスでどれくらいかかりますか？ → How long does it take from here to Tokyo Station by bus?

🏃 高速組み立てチャレンジ！ の解答例

1. How are your parents?　　2. How old is your daughter?　　3. How many Japanese-English dictionaries do you have?　　4. How do you spend your weekend?　　5. How tall is Nanako's brother?　　6. How do you spell your name?　　7. How much is that refrigerator over there?　　8. How long do you take a bath for?　　9. How many students take her Russian classes?　　10. How old is this large temple?

Lesson 15　所有代名詞とwhoseの使い方

「誰のモノ」を表す代名詞の使い方と、wh語のwhoseを使って「誰の〜ですか」とたずねる疑問文の作り方を学びましょう。

高速組み立てチャレンジ！ 必ず制限時間内に！ 065 60秒

次の日本語の文を瞬時に英文に直して言ってみよう。(解答例は113ページ)

例　これは誰のギターですか？　→　Whose guitar is this?

1. この腕時計はナオミのです。
2. このバイクはアダム (Adam) のですか？
3. あの赤い傘は誰のですか？
4. これは誰のコンピュータですか？
5. これらのチケットは私たちのではありません。
6. あなたたちのスーツケースは彼らのものの隣にあります。
7. あれは誰の子ネコですか？
8. ソフィア (Sophia) の家は私のよりずっと大きいです。
9. あのネックレスは彼女のですか？
10. 誰のシャーペンがその机の上にありますか？

Today's Mission 「誰のモノ」かを説明せよ！

これは私のモノです。
This is mine.

POINT 1 「誰のモノ」かは1語で表すことができる！

Lesson 6で「誰の」という言い方を学びました。例えば、「これは私の自転車です」は、This is my bike. でしたね。実は、このmy bikeは代名詞1語でmine（私のモノ）と言うことができます。同様に、your bikeはyours（あなたのモノ）、his bikeはhis（彼のモノ）、her bikeはhers（彼女のモノ）、their bikesはtheirs（彼らのモノ）のようにすべて代名詞1語で表すことが可能です。また、Aiko's bike（愛子の自転車）は1語でAiko's（愛子のモノ）とか、代名詞1語でhers（彼女のモノ）のように言うこともできます。

> This is my bike. (私の自転車です)
> ➡ This is mine. (私のモノです)
> This is Aiko's bike. (愛子の自転車です)
> ➡ This is hers. (彼女のモノです)

POINT 2 「誰のモノ」かをたずねるにはwhoseを使う！

「誰の～ですか」とたずねたいときにはwh語のwhoseを用います。「whose＋名詞」の形で「誰の～」というかたまりになります。

> Whose bike is this? (これは誰の自転車ですか?)
> ➡ It's Aiko's. (愛子のモノです)

> ※ It's Aiko's bike. のように答えてもOKですが、英語では直前の質問で出てきた名詞をそのままくり返すのをできるだけ避ける傾向があります。

さらに詳しく学ぼう

POINT 1 「誰のモノ」かは 1 語で表すことができる！

 これはヒロ君の自転車かな。かっこいい自転車だね。ところで、「これは僕の自転車です」は英語で？

 前に学習しましたね (Lesson 6 参照)。「僕の自転車」は my bike だから、This is my bike. です。

 そのとおり。そういえば、さっきヒロ君は「これは僕のです」って答えていたよね。日本語では「僕の自転車」の代わりに「僕の」とか「僕のモノ」と言えるけど、英語も同じで、This is my bike. の代わりに、This is mine. って言えるんだ。

 代名詞 mine だけで「私のモノ」という意味ですね。your bike は yours（あなたのモノ）、her bike は hers（彼女のモノ）、their bikes は theirs（彼らのモノ）のようにすべて代名詞 1 語で言えるんですよね。

 そのとおり。「サキのモノ」のように、具体的な人名を使って言う場合は、Saki's のように「名前＋'s」の形を使うよ。「これはサキのモノです」は、This is Saki's. と言えばいい。具体的な人名を使わずに、「これは彼女のです」と言う場合は、This is hers. と言うんだ。hers は「彼女のモノ」という意味の語だよ。以前、学んだ代名詞の表 (Lesson 9 参照) に「誰のモノ」を表す形を追加してみるよ。「誰が⇒誰の⇒誰を⇒誰のモノ」の 4 点セットで、何度も唱えて覚えてしまおう。

	単数	複数
	誰が → 誰の → 誰を → 誰のモノ	誰が → 誰の → 誰を → 誰のモノ
自分 (話し手)	I → my → me → mine	we → our → us → ours
あなた (聞き手)	you → your → you → yours	you → your → you → yours
自分や あなた以外	he → his → him → his she → her → her → hers it → its → it → なし Tom → Tom's → Tom → Tom's	they → their → them → theirs

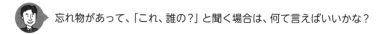 忘れ物があって、「これ、誰の？」と聞く場合は、何て言えばいいかな？

「誰？」だから、whoを使えばいいんじゃないですか？

whoは「誰が」とか「誰を」は聞けるけど、「誰の」は聞けないんだ。「誰の」をたずねるにはwhoseを使うんだ。

whoseって何ですか？ 新しいwh語ですか？

そうだよ。whoseは「誰の〜ですか」と、所有者をたずねるときに使うwh語で、「whose＋名詞」の形で「誰の〜」という意味になるよ。次の例を見て。

This is Aiko's bike . (これは愛子の自転車です)

This is 誰の bike ← 自転車の所有者が分からない！

This is whose bike ⇐ 所有者をたずねるwh語はwhose

Whose bike this is ← 一番知りたい情報の whose bike を文の最初に置く！

Whose bike is this? (これは誰の自転車ですか？)

↑be動詞を主語の前にジャンプさせて完成！

Whose bike is this?という質問に対する答え方は…

It's Aiko's bike. ですよね。

それでもOKだけど、日本語でも「誰の自転車ですか？」と聞かれて「愛子のです」って「自転車」を省略して答えることがあるよね。英語でもいちいちbikeをくり返さないで、

Whose bike is this? ➡ It's Aiko's.

って答えるほうが普通なんだ。「名前＋'s」のAiko'sで「愛子のモノ」という意味だよ。

───一言メモ

whoseには「whose＋名詞」のように名詞とセットで「誰の〜」を表す使い方のほかに、「誰のモノ」という意味で単独で使う場合もあるよ。

Whose is that bike? (あの自転車は誰のモノですか？)

高速組み立てトレーニング

練習するときは、
赤色シートをかぶ
せてやってみてね。

高速基礎トレーニング 066

【Part 1】日本語の文を聞き、それと同じ意味になるよう、(　　　) に適切な代名詞を入れて、英
文をまるごと声に出して言ってみよう。ポーズの後で、正解の音声が流れるのでリピー
トしよう。

例　私たちのとあなたたちのを交換して。　→ Exchange (ours) with (yours).

🔊 言ってみよう！

1　私たちのと彼女たちのを交換して。　→ Exchange (ours) with (theirs).
2　彼のと彼女のを交換して。　→ Exchange (his) with (hers).
3　あなたのとトムのを交換して。　→ Exchange (yours) with
(Tom's).
4　彼らのと私たちのを交換して。　→ Exchange (theirs) with (ours).
5　私のと彼女のを交換して。　→ Exchange (mine) with (hers).

【Part 2】日本語の文を聞き、合図音が聞こえたら瞬時に (　　　　　) に入る語を
入れて音読しよう。

🔊 言ってみよう！

1　これは誰のギターですか？　→ (Whose) (guitar) is this?
2　誰の靴がないのですか？　→ (Whose) (shoes) are
missing?
3　これは誰のノートですか？　→ (Whose) (notebook) is
this?
4　あれは誰の絵ですか？　→ (Whose) (picture) is that?
5　誰の本がテーブルの上にありますか？　→ (Whose) (books) are on
the table?
6　このかさは誰のですか？　→ (Whose) is this umbrella?
7　誰の自転車が新しいのですか？　→ (Whose) (bike) is new?
8　あれは誰の辞書ですか？　→ (Whose) (dictionary) is
that?

🏃 高速並べ替えトレーニング 🔊 068

手順1 「Start!」の掛け声が聞こえたら、日本語の意味を表すように、(　　　)内の与えられた単語を5秒間で並べ替えて、頭の中で英文を作ってみよう。文頭にくる単語の最初の文字も小文字で書かれています。

手順2 合図の音が聞こえたら、並べ替えて作った英文を声に出して言ってみよう。

---

1 誰の靴下がテーブルの下にありますか？
(table, the, socks, under, are, whose)?
　🔊 並べ替えて言ってみよう！
→ Whose socks are under the table?

---

2 あの大きな白い犬は私たちのです。
(white, ours, is, that, dog, big).
→ That big white dog is ours.

---

3 これは誰の英語の辞書ですか？
(whose, this, dictionary, is, English)?
→ Whose English dictionary is this?

---

4 この黄色い車は彼のではありません。
(car, not, yellow, his, this, is).
→ This yellow car is not his.

---

5 あの茶色いお財布は誰のですか？
(wallet, whose, brown, that, is)?
→ Whose is that brown wallet?

---

6 これは誰のメガネですか？
(these, whose, glasses, are)?
→ Whose glasses are these?

---

7 私たちのは彼らのよりもずっと小さいですか？
(smaller, theirs, ours, than, much, is)?
→ Is ours much smaller than theirs?

---

8 彼女のものをあの大きな緑色の箱の中に入れてください。
(that, box, into, put, big, hers, green).
→ Put hers into that big green box.

🏃 高速レスポンス 🔊069

手順　聞こえてくる日本語の文を、瞬時に英語に言い換えよう。ポーズの後で解答例が流れます。

例　これは誰のラケットですか？　　→ Whose racket is this?

🗨 英語で言ってみよう！

1　この指輪は彼のではありませんか？　→ Is this ring his?
2　あそこにある黒いジャケットは誰のですか？　→ Whose is that black jacket over there?
3　サリー (Sally) のTシャツとあなたのは大きさが同じです。　→ Sally's T-shirt is as big as yours.
4　あの黒い子イヌは私たちのではありません。　→ That black puppy is not ours.
5　毎週末、君は誰の車を運転しているのですか？　→ Whose car do you drive on weekends?

🏃 高速組み立てチャレンジ！ の解答例

1. This watch is Naomi's.　　2. Is this motorcycle Adam's?
3. Whose is that red umbrella?　　4. Whose computer is this?
5. These tickets are not ours.　　6. Your suitcases are next to theirs.
7. Whose kitten is that?　　8. Sophia's house is much bigger than mine.
9. Is that necklace hers?　　10. Whose mechanical pencil is on the desk?

Lesson 16 現在進行形の文の作り方

「(いま) 〜しているところです」という現在進行中の動作を表す英語表現は、be動詞を使うことと、動詞の形を変化させることがポイントです。

 高速組み立てチャレンジ! 必ず制限時間内に! 🔊 070 ⏱60秒

次の日本語の文を瞬時に英文に直して言ってみよう。(解答例は117ページ)

例 美和子はテレビを見ているところです。

→ Miwako is watching TV.

1. 娘は自分の部屋で英語を勉強しているところです。

2. 渡辺さん夫妻は公園でテニスをしているところです。

3. あなたはいまラジオを聞いていますか?

4. ジョン (John) はいま何をしていますか?

5. 私は子供たちを車で学校に送っているところです。

6. 庭で歌っているのは誰ですか?

7. 歩いて駅に向かっているところですか?

8. 君とエミリー (Emily) はどこで夕飯を食べているのですか?

9. その大都市では何が起こっているのですか?

10. 奥さんは息子さんと一緒に公園で走っているところですか?

Today's Mission　be動詞とing形を共演させよ！

ヒロはサッカーをしているところです。
Hiro is playing soccer.

POINT 1　「be動詞の現在形＋動詞のing形」で、現在進行中の動作や出来事を表す！

「（いま）～しているところです」といった現在進行中の動作や出来事は、現在進行形（be動詞の現在形＋動詞のing形）を用いて表すことができます。

ヒロはサッカーをしているところです。

Hiro is playing soccer.

POINT 2　現在進行形の疑問文・否定文を作るときは、be動詞自身を主語の前に移動させたり、be動詞の直後に否定を表すnotをつける！

[疑問文]

彼はサッカーをしているところですか？

Is he playing soccer?

Yes, he is. 　はい、サッカーをしているところです。

No, he 's not . いいえ、サッカーをしているところではありません。

No, he isn't . (is notの短縮形)

[否定文]

彼はサッカーをしているところではありません。

He is not playing soccer.

He isn't playing soccer. (is notの短縮形)

さらに詳しく学ぼう

「be 動詞の現在形＋動詞の ing 形」で、現在進行中の動作や出来事を表す！

 突然だけど、ヒロ君はいまサッカーをしている最中？

 えっ？　いまですか？　いまは先生と英語の勉強をしている最中ですから、もちろんサッカーはしていません。

 そうだね。「サッカーをします」と「いま、サッカーをしています」は同じじゃないよね。今回は、「僕はいまサッカーをしているところです」という現在進行中の動作を伝える英語表現を勉強するよ。まず、次の２つの英文を見てみて。

 (1) I play soccer.
 (2) I am playing soccer.

(1)の文は、「僕はサッカーをします」という意味。これはサッカーをすることが習慣化して、ふだんからやっているということを伝える文だね。(2)は「僕はちょうどいまサッカーをしているところです」という現在進行中の動作をいきいきと描写しているんだ。

 (1)と(2)で違う言い方になるんですね。確かamってbe動詞ですよね？

 いいところに気づいたね。例えば、サキさんが夕飯を食べている最中に友達から電話がかかってきて、「いま何しているの？」と聞かれたら、「いまね、夕飯を食べているの」って答えるよね。これは英語だと次のように言うよ。

 I am eating dinner.

このように現在進行中の動作や出来事は「be動詞の現在形＋動詞のing形」で表すことができて、これを現在進行形の文と呼ぶんだよ。もし、ヒロ君がその電話を受けて、電話の相手に「サキはいま、夕飯を食べているところです」って相手に伝えたい場合は？

 Saki is eating dinner. ですね。

 そうだね。be動詞は主語に合わせて形を変身させるので、この場合はisだね。(be動詞の変化についてはLesson 4 p.35参照)

POINT 2 現在進行形の疑問文・否定文を作るときは、be動詞自身を主語の前に移動させたり、be動詞の直後に否定を表すnotをつける！

「彼はいまサッカーをしている最中ですか？」のような疑問文の場合は、be動詞自身がジャンプして主語の前に移動すればいいんですよね？

そのとおり。これまで習ったbe動詞を使った英文と同じ操作をすればいいよ。質問に答える場合もbe動詞を使えばいいね。

He [is] playing soccer.
[Is] he playing soccer?
Yes, he [is].
No, he['s] [not]. またはNo, he [isn't]. (is notの短縮形)

ということは否定文もbe動詞の直後に否定を表すnotをつけるだけですね。

He [is] [not] playing soccer.
He [isn't] playing soccer. (is notの短縮形)

ところで、以前、be動詞と一般動詞は共演がNGなので、「彼はサッカーをします」をHe is play soccer.と言ってはいけないと習ったけど覚えているかな？

そうでした！ あれ、先生、He is playing baseball. は、be動詞のisと一般動詞のplayが共演してるじゃないですか!!

でも、よく見ると、playにはingがついてplayingというing形になっているね。be動詞とing形は共演OKなんだ。

一言メモ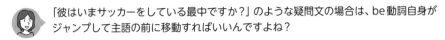

動詞のing形の作り方を覚えておこう！
・そのままingをつける　　　　　　watch → watching　study → studying
・eをとってingをつける　　　　　　take → taking　　have → having
・語尾の字を重ねてingをつける　　run → running　　sit → sitting

🏃 高速組み立てチャレンジ！ の解答例

1. My daughter is studying English in her room.　2. Mr. and Mrs. Watanabe are playing tennis in the park.　3. Are you listening to the radio now?　4. What is John doing now?　5. I'm driving my children to school.　6. Who is singing in the garden?　7. Are you walking to the station?　8. Where are you and Emily eating dinner?　9. What is happening in that big city?　10. Is your wife running with your son in the park?

高速組み立てトレーニング

> 練習するときは、赤色シートをかぶせてやってみてね。

高速変換トレーニング：日本語→英語 🔊071

手順1　聞こえてくる日本語を英語の語順に沿って言ってみよう。
手順2　「English!」という指示が聞こえたら、英語に直して言ってみよう。

例　彼は　野球を　しているところです。
- 英語の語順で言ってみよう → 【彼は】【しているところです】【野球を】
- English! → 【 He 】【 is playing 】【 baseball 】.

1　スティーブ (Steve) は　日本語を　勉強しているところです。
- 英語の語順で言ってみよう → 【スティーブは】【勉強しているところです】【日本語を】
- English! → 【 Steve 】【 is studying 】【 Japanese 】.

2　私は　ピアノを　弾いているところです。
- 英語の語順で言ってみよう → 【私は】【弾いているところです】【ピアノを】
- English! → 【 I 】【 am playing 】【 the piano 】.

3　彼らは　ビールを　飲んでいるところです。
- 英語の語順で言ってみよう → 【彼らは】【飲んでいるところです】【ビールを】
- English! → 【 They 】【 are drinking 】【 beer 】.

4　ケンと母親は　DVDを　見ているところです。
- 英語の語順で言ってみよう → 【ケンと母親は】【見ているところです】【DVDを】
- English! → 【Ken and his mother】【are watching】【a DVD】.

2ステップ語順トレーニング 🔊072

2つのStepをふんで、wh語を使ったbe動詞の疑問文を完成させよう。
手順1　日本語の文を英語の語順に沿った文に変えて声に出して言ってみよう。次に5秒間で英語に直して、語順操作の準備を整えよう。
手順2　次の2つのStepをふんで、wh語を使った疑問文を完成させよう。
　　Step1：wh語を文頭に移動する！
　　Step2：be動詞を主語の前に置いて疑問文を完成させて言ってみよう。

例　トムは何を読んでいるところですか？
- 英語の語順で言ってみよう！ → 【トムは】【読んでいるところです】【何を】（誰が／しているところです／何を）
- 日本語を英語に直してみよう！ → 【 Tom 】【 is reading 】【 what 】
- Step1：wh語を移動！ → What Tom is reading
- Step2：be動詞を移動して言ってみよう！ → What is Tom reading? 完成！

118

1　彼らはどこでサッカーをしていますか?

　　　　　　　　　　　　　　　　　　　誰が　　しているところです　　何を　　　　どこで
- 🐦 英語の語順で言ってみよう!　→【彼らは】【しています】【サッカーを】【どこで】
- 🔔 日本語を英語に直してみよう!　→【They】【are playing】【soccer】【where】
- 🔔 Step 1 : wh 語を移動!　→ Where they are playing soccer
- 🐦 Step 2 : be 動詞を移動して言ってみよう! → Where are they playing soccer?

2　彼女は黒板に何を書いているところですか?

　　　　　　　　　　　　　　　　　　　誰が　　　　しているところです　　何を　どこで
- 🐦 英語の語順で言ってみよう!　→【彼女は】【書いているところです】【何を】【黒板に】
- 🔔 日本語を英語に直してみよう!　→【She】【is writing】【what】【on the blackboard】
- 🔔 Step 1 : wh 語を移動!　→ What she is writing on the blackboard
- 🐦 Step 2 : be 動詞を移動して言ってみよう! → What is she writing on the blackboard?

3　私の部屋で何をしているのですか?　　誰が　　　しているところです　何を　　　　どこで
- 🐦 英語の語順で言ってみよう!　→【あなたは】【しています】【何を】【私の部屋で】
- 🔔 日本語を英語に直してみよう!　→【You】【are doing】【what】【in my room】
- 🔔 Step 1 : wh 語を移動!　→ What you are doing in my room
- 🐦 Step 2 : be 動詞を移動して言ってみよう! → What are you doing in my room?

4　君のお母さんは誰に電話をしているのですか?

　　　　　　　　　　　　　　　　　誰が　　　　　　しているところです　　　　誰に
- 🐦 英語の語順で言ってみよう!　→【君のお母さんは】【電話をしています】【誰に】
- 🔔 日本語を英語に直してみよう!　→【 Your mother 】【 is calling 】【 who 】
- 🔔 Step 1 : wh 語を移動!　→ Who your mother is calling
- 🐦 Step 2 : be 動詞を移動して言ってみよう! → Who is your mother calling?

🏃 高速レスポンス 🔊073

手順　聞こえてくる日本語の文を、瞬時に英語に言い換えよう。ポーズの後で解答例が流れます。

例　私はこのコンピュータを使っている　→ I am using this computer.
　　ところです。

　　　　　　　　　　　　　　　　　　　🐦 英語で言ってみよう!
1　マイケル (Michael) はEメールを書　→ Michael is writing an e-mail.
　　いているところです。
2　福田先生 (Mr. Fukuda) はどこでラ　→ Where is Mr. Fukuda having
　　ンチを食べていますか?　　　　　　　lunch?
3　ナオはリビングで宿題をしているとこ　→ Nao is doing her homework
　　ろです。　　　　　　　　　　　　　in the living room.
4　彼らの赤ちゃんはその部屋で眠って　→ Is their baby sleeping in the
　　いますか?　　　　　　　　　　　　room?
5　誰がクレア (Claire) と電話で話して　→ Who is talking with Claire on
　　いますか?　　　　　　　　　　　　the phone?

119

Lesson 17 助動詞 can の使い方

「〜することができる」ということを表す助動詞の can を使うときの語順を身につけましょう。「お助けマン do」や「お助けマン does」とは違って、助動詞の can は目立ちたがりのお助けサポーターです。

🏃 **高速組み立てチャレンジ！** 必ず制限時間内に！ 074▶ 🕐60秒

次の日本語の文を瞬時に英文に直して言ってみよう。(解答例は126ページ)

例 私はスペイン語が話せます。 → I can speak Spanish.

1. 母は車を運転することができません。
2. 慎司はとても上手にスキーができます。
3. この英単語を読めますか？
4. 君は何を料理できますか？
5. 山本夫妻はフルートを演奏することができます。
6. 誰がこのコンピュータを使えますか？
7. 私はバタフライが泳げません。
8. 何の英語の歌が歌えますか？
9. ジェームズ (James) は自転車に乗れません。

Today's Mission　「お助けマン can」で能力を示せ！

サキはピアノを弾けます。
Saki |can| |play| the piano.

POINT 1　動詞の前に「お助けマン can」を置くと、能力を表せる！

「〜することができる」のように能力を表すときには、動詞の前に「お助けマン can」を置きます。これまでのお助けマンと違って、「お助けマン can」は目立ちたがりなので、動詞の後ろに隠れないで、最初から動詞の前に姿を見せます。

　　サキは　ピアノを　弾けます。
　　Saki |can| play the piano.

> 主語が「孤独な第三者」のときでも、can plays のようにsはつけない。

POINT 2　疑問文を作るときには「お助けマン can」を主語の前に移動させる！

　　　　Saki |can| play the piano.
　　|Can| Saki play the piano?

　What |can| Saki play ?
　　Who |can| play the piano?

> wh語が主語の場合は語順はそのまま

POINT 3　否定文を作るときには「お助けマン can」に not をつけ加えた cannot または can't を使う！

　　Saki |cannot| play the piano.
　　Saki |can't| play the piano.（cannot の短縮形）

さらに詳しく学ぼう

動詞の前に「お助けマンcan」を置くと、能力を表せる!

これまでに出会った「お助けマンdo」と「お助けマンdoes」は恥ずかしがり屋だったね。普段は動詞の後ろに隠れていて、疑問文や否定文を作るときに動詞の後ろから飛び出して、サポートしてくれたよね。でも、今回新たに登場する「お助けマンcan」は目立ちたがり屋なんだ。

目立ちたがり屋ってどういうことですか?

動詞の後ろには隠れず、いつも堂々と動詞の前に姿を見せて、「〜することができる」という意味を動詞に加えるんだ。ヒロ君は何か楽器弾けるかな?

僕は全然だめです。そういえば、サキはピアノを弾けますよ。

「サキはピアノを弾けます」は英語で次のように言うよ。
　　　Saki can play the piano.

確かに「お助けマンcan」、目立っていますね。

Saki plays the piano.なら、「サキはピアノを弾きます」だけど、playという動詞にお助けマンcanをつけて、can playにすると「弾くことができます」となって、能力があることをはっきりと表すんですね。

あれ? Saki can play the piano.はSakiという「孤独な第三者」が主語なのに、Saki can plays the piano.のようにplayにsをつけなくてもいいんですか?

playsのsはplayの後ろに隠れている「お助けマンdoes」のsだったよね。「お助けマンcan」を使うときは、他の「お助けマンdo」や「お助けマンdoes」とは共演できない決まりなんだ。Saki can play the piano.では、すでに「お助けマンcan」を使っているので、それに加えてもう1人のサポーターdoesの助けを借りることはできないんだ。

122

POINT 2 ▶ 疑問文を作るときには「お助けマン can」を主語の前に移動させる!

 「お助けマン can」を使った文の疑問文はどのように作るんですか?

これまでのお助けマン同様、「お助けマン can」を移動して、主語の前に持ってくると疑問文を作ることができるんですよね。

Saki ｜can｜ play the piano.
↓
｜Can｜ Saki 　　 play the piano?

> 「お助けマン can」を文のはじめに置き、?マークをつける。

そのとおり。wh語を使った疑問文も、語順操作はいっしょだよ。wh語が主語以外のときは、wh語を文頭に移動してから、「お助けマン can」を主語の前に置く2段階操作だよ (Lesson 11参照)。

Saki ｜can｜ play 何を .
Saki ｜can｜ play what .
What Saki ｜can｜ play 　　 ←ステップ1:wh語を文頭に置く!
What ｜can｜ Saki play ? ←ステップ2:「お助けマン can」を主語の前に置いて完成!

wh語が主語の場合は、語順はそのままでしたね (Lesson 10参照)。

誰が ｜can｜ play the piano.
Who ｜can｜ play the piano? 完成!

 wh語の主語は「孤独な第三者」扱いだけど、「お助けマン can」は「お助けマン does」と共演NGなので、can plays とせず、can play のままでいいんだよ。

POINT 3 ▶ 否定文を作るときには「お助けマン can」に not をつけ加えた cannot または can't を使う!

否定文はどう作るのですか?

「お助けマン can」に否定の not を加えた cannot や can't を動詞の前に置くだけだよ。

Saki ｜cannot｜ play the piano.
あるいは Saki ｜can't｜ play the piano.

―一言メモ―

can で聞かれたら、can を使って答えよう。
Can Hiro play the guitar? ➡ Yes, he can.
No, he cannot. あるいは No, he can't.

高速組み立てトレーニング

> 練習するときは、赤色シートをかぶせてやってみてね。

🏃 高速変換トレーニング：日本語→英語 🔊 075

手順1 聞こえてくる日本語を英語の語順に沿って言ってみよう。
手順2 「English!」という指示が聞こえたら、「お助けマンcan」を使って英語に直して言ってみよう。

例 ルーシーはギターを弾けます。

	誰が	どうする	何を

🔊 英語の語順で言ってみよう　➡【ルーシーは】【弾けます】【ギターを】
🔔 English!　➡【Lucy】【can play】【the guitar】.

---

1 彼の名前が　思い出せません。

🔊 英語の語順で言ってみよう　➡【私は】【思い出せません】【彼の名前を】
🔔 English!　➡【I】【cannot remember】【his name】.

---

2 ローラ (Laura) は　フランス語の歌を　歌えます。

🔊 英語の語順で言ってみよう　➡【ローラは】【歌えます】【フランス語の歌を】
🔔 English!　➡【Laura】【can sing】【French songs】.

---

3 私は　この生の魚を　食べられません。

🔊 英語の語順で言ってみよう　➡【私は】【食べられません】【この生の魚を】
🔔 English!　➡【I】【cannot eat】【this raw fish】.

---

4 エヴァ (Ava) は　2か国語を　話せます。

🔊 英語の語順で言ってみよう　➡【エヴァは】【話せます】【2か国語を】
🔔 English!　➡【Ava】【can speak】【two languages】.

🏃 高速変換トレーニング：日本語→英語の疑問文 🔊 076

手順1 聞こえてくる日本語を英語の語順に沿って言ってみよう。
手順2 「English!」という指示が聞こえたら、英語の疑問文に直して言ってみよう。

例 誰がギターを弾けますか？

	誰が	どうする	何を

🔊 英語の語順で言ってみよう　➡【誰が】【弾けます】【ギターを】
🔔 English!　➡【Who】【can play】【the guitar】?

---

1 誰が英語の歌を歌えますか？

🔊 英語の語順で言ってみよう　➡【誰が】【歌えます】【英語の歌を】
🔔 English!　➡【Who】【can sing】【English songs】?

---

2 何人の人がそのパーティーに参加できますか？

🔊 英語の語順で言ってみよう　➡【何人の人が】【参加できます】【そのパーティーに】
🔔 English!　➡【How many people】【can join】【the party】?

3　誰が数学を教えられますか？
- 🔊 英語の語順で言ってみよう　→【 誰が 】【 教えられます 】【 数学を 】
- 🔔 English!　→【 Who 】【 can teach 】【 math 】?

🏃 2ステップ語順トレーニング 077

2つのStepをふんで、wh語を使った疑問文を完成させよう。

手順1　日本語を英語の語順に沿った文に変えて声に出して言ってみよう。次に5秒間で英語に直して、語順操作の準備を整えよう。

手順2　次の2つのStepをふんで、wh語を使った疑問文を完成させよう。
Step1：wh語を文頭に移動する！
Step2：「お助けマン！」の掛け声が聞こえたら、お助けマンcanを主語の前に置いて、疑問文を完成させて言ってみよう。

例　ルーシーは何を弾けますか？
- 🔊 英語の語順で言ってみよう！　→【 ルーシーは 】【 弾けます 】【 何を 】
- 🔔 日本語を英語に直してみよう！　→【 Lucy 】【 can play 】【 what 】
- 🔔 Step1：wh語を移動！　→ What Lucy can play
- 🔊 Step2：お助けマン！　→ What can Lucy play? **完成！**

1　私たちはどこで泳げますか？
- 🔊 英語の語順で言ってみよう！　→【 私たちは 】【 泳げます 】【 どこで 】
- 🔔 日本語を英語に直してみよう！　→【 We 】【 can swim 】【 where 】
- 🔔 Step1：wh語を移動！　→ Where we can swim
- 🔊 Step2：お助けマン！　→ Where can we swim?

2　あなたはいつ来ることができますか？
- 🔊 英語の語順で言ってみよう！　→【 あなたは 】【 来ることができます 】【 いつ 】
- 🔔 日本語を英語に直してみよう！　→【 You 】【 can come 】【 when 】
- 🔔 Step1：wh語を移動！　→ When you can come
- 🔊 Step2：お助けマン！　→ When can you come?

3　君はスパゲティを何皿食べることができますか？
- 🔊 英語の語順で言ってみよう！　→【 君は 】【 食べることができます 】【 スパゲティを何皿 】
- 🔔 日本語を英語に直してみよう！　→【 You 】【 can eat 】【 how many plates of spaghetti 】
- 🔔 Step1：wh語を移動！　→ How many plates of spaghetti you can eat
- 🔊 Step2：お助けマン！　→ How many plates of spaghetti can you eat?

🏃 高速レスポンス 🔊 078

手順 聞こえてくる日本語の文を、瞬時に英語に言い換えよう。ポーズの後で解答例が流れます。

例　私はカレーを料理することができます。 → I can cook curry.

🔊 英語で言ってみよう！

1　妹はあまり上手に口笛を吹くことが
　　できません。
→ My sister cannot whistle very well.

2　この文を英語に翻訳できますか？
→ Can you translate this sentence into English?

3　あなたは何か国語を話すことができ
　　ますか？
→ How many languages can you speak?

4　僕は腕立て伏せを100回できます。
→ I can do 100 push-ups.

5　君は何人の人をナオの誕生パーティー
　　に誘うことができますか？
→ How many people can you invite to Nao's birthday party?

🏃 高速組み立てチャレンジ！ の解答例

1. My mother cannot(can't) drive a car. 　　2. Shinji can ski very well.

3. Can you read this English word? 　　4. What can you cook?

5. Mr. and Ms. Yamamoto can play the flute. 　　6. Who can use this computer?

7. I cannot(can't) swim the butterfly. 　　8. What English songs can you sing?

9. James cannot(can't) ride a bicycle.

126

Lesson 18 一般動詞（規則動詞）の過去形の 肯定文・否定文・疑問文の作り方

一般動詞の規則動詞を使って過去を語る文には、「お助けマンdo」とちょっと似ている新たなお助けサポーターが隠れています。

高速組み立てチャレンジ！ 必ず制限時間内に！ 079 (60秒)

次の日本語の文を瞬時に英文に直して言ってみよう。(解答例は133ページ)

例 私は昨日、両親の手伝いをしました。

　→ I helped my parents yesterday.

1. トム (Tom) は昨日、サッカーをしました。

2. 私たちは先週、福岡を訪れました。

3. 私は昨晩、英語の勉強をしませんでした。

4. 今朝、テレビを見ましたか？

5. そのパーティーでピアノを弾きました。

6. ケンは先週の土曜日に、そのコンサートを楽しみましたか？

7. 君はいつ青森を訪れましたか？

8. エミリー (Emily) は昨夜、髪を洗いました。

9. 誰が私の箸を使ったのですか？

10. 彼らはそのイタリアレストランが大好きでした。

Today's Mission ▷ 「お助けマン did」で過去を語れ！

私は昨日テニスをしました。
I played tennis yesterday.

POINT 1 「お助けマン did」は、ed（「江戸マーク」と覚えよう）で過去を語る！
一般動詞を使った文（I play tennis.やThey cook dinner.）で過去について話す場合、動詞の後ろには過去を語るパワーをもつ「お助けマン did」が隠れてサポートします。このdidは江戸時代が大好きで、動詞からed（江戸マーク）をはみ出して見せます。

彼らは　昨晩　夕食を　料理しました。
They cook ed dinner last night.

> ed（江戸マーク）を見せて、「過去の話ですよ！」と伝えている。

POINT 2 過去の疑問文・否定文を作るときは「お助けマン did」を引っ張り出す！

[疑問文]

You played tennis yesterday.

Did you play tennis yesterday?

> 「お助けマン did」は移動したので、playedのままにしないこと！

When did you play tennis?

Who played tennis yesterday?

> wh語が主語の場合は語順はそのまま

[否定文]

You did not play tennis yesterday.

> 「お助けマン did」は移動したので、playedのままにしないこと！

You didn't play tennis yesterday.（did notの短縮形）

さらに詳しく学ぼう

POINT 1 「お助けマン did」は、ed（江戸マーク）で過去を語る！

サキさん、「私はテニスをします」は I play tennis. だよね。じゃ、これを「私は昨日テニスをしました」って言うにはどうすればいいと思う？

うーん。「昨日」って単語は yesterday だから、I play tennis yesterday. ですか？

残念。正解は I played tennis yesterday. だよ。

played ってことは「お助けマン does」のように、何か後ろに隠れているんですか？

いいところに気づいたね。play の後ろには、過去を語るのをサポートする「お助けマンdid」が隠れているんだ。

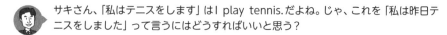

あれ？　でも did だとしたら、playid のように id が後ろからはみ出るんじゃないかしら？

そう思うよね。でも、did ははみ出す際にお尻の形を id からちょっと変形させた ed を見せるんだ。「お助けマン did」は江戸時代が大好きだから、ed（江戸マーク）を見せて、過去だということを伝えるサポートをするって考えるといいかもね。

did は do や does みたいに主語によって変わるんですか？

過去を語るお助けマンは did だけだから、主語が誰であろうが大活躍。「彼女は昨日テニスをしました」は、She played tennis yesterday. となる。このように主語が he、she、Tom、Nancy などの「孤独な第三者」の場合でも、お助けマンは did なんだ。

「お助けマン did」のはみ出し方にはパターンがあるよ。これを見てごらん。
(1) ed（江戸）のはみ出し

enjoy	→	enjoyed
cook	→	cooked
visit	→	visited

(2) dのはみ出し：eで終わる動詞はdがはみ出るだけでed（江戸マーク）完成

use　　→　use<u>d</u>

like　　→　like<u>d</u>

(3) 「子音＋y」のyをiに変えてedのはみ出し

study　→　stud<u>i</u>ed

(4) 語尾の字を重ねてからedのはみ出し

stop　　→　stopp<u>e</u>d

POINT 2　過去の疑問文・否定文を作るときは「お助けマンdid」を引っ張り出す！

一般動詞の過去形の疑問文を作るときは、動詞の後ろから「お助けマンdid」を引っ張り出して、主語の前に置くんだ。

She　play ed 　tennis yesterday.

↓ ＜ 「お助けマンdid」を引っ張り出す！

She did play 　tennis yesterday.

Did she play 　　　　tennis yesterday?

「お助けマンdid」を主語の前に置き、?マークをつける

playedからはみ出していた「お助けマンdid」が文のはじめに移動したので、playedはplayに戻るんですね。

そう。Did you played tennis yesterday?と言わないように注意しよう。それから、Didで聞かれた疑問文には、didを使って答えるよ。Yesの場合は、Yes, I did.、それに対してNoの場合は、didの後ろに否定を表すnotをつけたNo, I did not.あるいはその短縮形でNo, I didn't.と答えるよ。それから、wh疑問文は目的語がwh語になる場合と、主語がwh語になる場合で作り方が違うよ。現在形のwh疑問文の作り方とまったくいっしょだね。

When did she play 　tennis?　＜ wh語を文頭移動＋お助けマン！

Who play<u>ed</u> tennis yesterday?＜ wh語が主語の場合は語順はそのまま

wh疑問文への答え方は、最初の疑問文にはShe played tennis yesterday.、次の疑問文にはMiwako did.のように言えばいいんですよね。

そう。否定文を作りたいときも、「お助けマンdid」を引っ張り出すよ。

You　play ed 　　　tennis yesterday.

↓ ＜ 「お助けマンdid」を引っ張り出す！

You did 　　　play tennis yesterday.

否定文　→　You did not play tennis yesterday.

「お助けマンdid」の後ろに否定を表すnotをつける

131

高速組み立てトレーニング

> 練習するときは、赤色シートをかぶせてやってみてね。

🏃 高速変換トレーニング：日本語⇒英語 🔊080

手順1 聞こえてくる日本語を英語の語順に沿って言ってみよう。
手順2 「English!」という指示が聞こえたら、英語に直して言ってみよう。

例　イチローは　昨日　野球を　しました。
- 🔊 英語の語順で言ってみよう　　→【イチローは】【しました】【野球を】【昨日】。
- 🔔 English!　　→【Ichiro】【played】【baseball】【yesterday】.

1　彼は　去年　仙台に　住んでいました。
- 🔊 英語の語順で言ってみよう　　→【彼は】【住んでいました】【仙台に】【去年】
- 🔔 English!　　→【He】【lived】【in Sendai】【last year】.

2　私たちは　先週　彼らの助けが　必要でした。
- 🔊 英語の語順で言ってみよう　　→【私たちは】【必要でした】【彼らの助けが】【先週】
- 🔔 English!　　→【We】【needed】【their help】【last week】.

3　佐藤夫妻は　昨晩　このホテルに　滞在しました。
- 🔊 英語の語順で言ってみよう　　→【佐藤夫妻は】【滞在しました】【このホテルに】【昨晩】
- 🔔 English!　　→【Mr. and Mrs. Sato】【stayed】【at this hotel】【last night】.

4　アダム（Adam）は　今朝　数学を　勉強しました。
- 🔊 英語の語順で言ってみよう　　→【アダムは】【勉強しました】【数学を】【今朝】
- 🔔 English!　　→【Adam】【studied】【math】【this morning】.

🏃 2段階組み立てトレーニング：普通の文⇒疑問文 🔊081

手順1 日本語の疑問文の音声の後に、疑問文ではない普通の文の英語の音声が流れます。「お助けマン！」の掛け声が聞こえたら、「お助けマンdid」を引っ張り出した英文を口に出して言ってみよう。
手順2 「ジャンプ！」という掛け声が聞こえたら、「お助けマンdid」を文のはじめに置いて、疑問文を完成させ、口に出して言ってみよう。
手順3 解答例が流れるので、発音を真似て言ってみよう。

例　あなたは去年、カナダに滞在しましたか？
- 🔔 You stayed in Canada last year.
- 🔊 お助けマンdidを引っ張り出して言ってみよう！　→ You did stay in Canada last year.
- 🔊 ジャンプ！　→ Did you stay in Canada last year?

132

1　あなたは昨日、その辞書を使いましたか？
🔔 You used the dictionary yesterday.
🔹 お助けマンdidを引っ張り出して言ってみよう！　→ You <u>did</u> use the dictionary yesterday.
🔹 ジャンプ！　→ <u>Did</u> you use the dictionary yesterday?

2　サム（Sam）は昨晩、パーティーを楽しみましたか？
🔔 Sam enjoyed the party last night.
🔹 お助けマンdidを引っ張り出して言ってみよう！　→ Sam <u>did</u> enjoy the party last night.
🔹 ジャンプ！　→ <u>Did</u> Sam enjoy the party last night?

3　君たちは放課後、英語を一緒に勉強しましたか？
🔔 You studied English together after school.
🔹 お助けマンdidを引っ張り出して言ってみよう！　→ You <u>did</u> study English together after school.
🔹 ジャンプ！　→ <u>Did</u> you study English together after school?

4　ベッキー（Becky）はその中華レストランで働きましたか？
🔔 Becky worked at the Chinese restaurant.
🔹 お助けマンdidを引っ張り出して言ってみよう！　→ Becky <u>did</u> work at the Chinese restaurant.
🔹 ジャンプ！　→ <u>Did</u> Becky work at the Chinese restaurant?

🏃 高速組み立てチャレンジ！ の解答例

1. Tom played soccer yesterday.　2. We visited Fukuoka last week.
3. I didn't study English last night.　4. Did you watch TV this morning?
5. I played the piano at the party.　6. Did Ken enjoy the concert last Saturday?
7. When did you visit Aomori?　8. Emily washed her hair last night.
9. Who used my chopsticks?　10. They liked that Italian restaurant very much.

🏃 高速並べ替えトレーニング 🔊082

手順1 「Start!」の掛け声が聞こえたら、日本語の意味を表すように、(　　)内の与えられた単語を5秒間で並べ替えて、頭の中で英文を作ってみよう。文頭にくる単語の最初の文字も小文字で書かれています。

手順2 合図の音が聞こえたら、並べ替えて作った英文を声に出して言ってみよう。

1　誰がステージ上でギターを弾いたのですか？
　　(the, played, on, who, stage, guitar, the)?

　　🗣 並べ替えて言ってみよう！
　　→ Who played the guitar on the stage?

2　今朝は何も食べませんでした。
　　(eat, this, I, anything, morning, didn't).

　　→ I didn't eat anything this morning.

3　何人の生徒がこの前の夏にオーストラリアを訪れたのですか？
　　(many, last, how, Australia, visited, students, summer)?

　　→ How many students visited Australia last summer?

4　昨日はどれくらいの水が必要だったのですか？
　　(did, yesterday, water, you, much, need, how)?

　　→ How much water did you need yesterday?

🏃 高速レスポンス 🔊083

手順 聞こえてくる日本語の文を、瞬時に英語に言い換えよう。ポーズの後で解答例が流れます。

例　冬は好きではありませんでした。　　→ I didn't like winter.

🗣 英語で言ってみよう！

1　昨日は息子といっしょに洗車をしました。
　　→ I washed my car with my son yesterday.

2　10年前、あなたの家族はどこに住んでいましたか？
　　→ Where did your family live ten years ago?

3　サリー (Sally) は昨晩、そのラジオ番組を聞きませんでした。
　　→ Sally didn't listen to the radio program last night.

4　誰が今朝、あなたといっしょに料理をしたのですか？
　　→ Who cooked with you this morning?

5　アリス (Alice) は2年前、その英語の語学学校でアルバイトをしました。
　　→ Alice worked part-time at that English language school two years ago.

Lesson 19 一般動詞（不規則動詞）の過去形の 肯定文・否定文・疑問文の作り方

今回は、不規則動詞を使って過去を語る文について学習します。「お助けマンdid」がまたまた新たなパワーを発揮します。

🏃 **高速組み立てチャレンジ！** 必ず制限時間内に！ 🔊084 ⏱60秒

次の日本語の文を瞬時に英文に直して言ってみよう。(解答例は142ページ)

例 私たちは彼の秘密を知っていました。

→ We knew his secret.

1. クリス（Chris）は昨日、私のカメラを壊しました。
2. 彼らは昨晩、そのレストランに行きませんでした。
3. ナオはこの間の日曜日に英語の宿題をやりましたか？
4. その誕生パーティーで、いとこたちに会いました。
5. フレッド（Fred）は先週、そのホラー映画を見ました。
6. 今朝、散歩をしましたか？
7. 私はそのデパートで、その茶色のジャケットを買いませんでした。
8. 昨夜は誰がサム（Sam）のお別れパーティーに来ましたか？
9. どこで私のかさを見つけたのですか？
10. 私たちの子供らはそのカフェテリアで牛乳を飲み過ぎました。

| Today's Mission | 「お助けマンdid」で変身させよ！ |

彼らは昨夜、お寿司を食べました。
They ate sushi last night.

POINT 1 「お助けマンdid」はed（江戸マーク）以外の形でも過去を語る！
「お助けマンdid」は、一般動詞をedのつかないまったく別の形に変身させて過去を語ることもあります。この「お助けマンdid」のパワーで不規則に変身する動詞を「不規則動詞」と呼びます。

did + eat ➡ ate　edマークのついたeatedにはならない！

彼らは　昨晩　お寿司を　食べました。
They ate sushi last night.

POINT 2 不規則動詞の疑問文・否定文を作るときも「お助けマンdid」を引っ張り出す！

〔疑問文〕
They ate sushi last night.
Did they eat sushi last night?
「お助けマンdid」は移動したので、ateのままにしないこと！
What did they eat last night?
Who ate sushi last night?
wh語が主語の場合は語順はそのまま

〔否定文〕
They did not eat sushi last night.
「お助けマンdid」は移動したので、ateのままにしないこと！
They didn't eat sushi last night.（did notの短縮形）

さらに詳しく学ぼう

POINT 1 「お助けマン did」は ed (江戸マーク) 以外の形でも過去を語る！

 前回紹介した「お助けマン did」っていうのは、実はすごいパワーの持ち主で、動詞に ed をつけるだけじゃなく、まったく違う形の動詞に変身させることもあるんだよ。

 まったく違う形ですか?!

 そう。例えば、「明日香は先週、かばんを買いました」は Asuka buyed a bag last week. ではなく、Asuka bought a bag last week. となるよ。buy という動詞は、「お助けマン did」の助けを借りて、現在の姿とは異なる過去の姿 bought に変身するんだ。

     did + buy ➡ bought (ed マークのついた buyed にはならない！)

 規則的に ed (江戸マーク) をつける動詞とは違って、did のパワーで不規則に変身する動詞があるんですね。

 そのとおり。このような動詞を「不規則動詞」って言うんだ。日常的によく使われる不規則動詞は、現在の形と「過去の変身した形」を正確に覚えておこうね。

現在形		過去形		現在形		過去形
eat	–	ate		come	–	came
do	–	did		get	–	got
give	–	gave		go	–	went
have	–	had		make	–	made
meet	–	met		say	–	said
see	–	saw		take	–	took

POINT 2 不規則動詞の疑問文・否定文を作るときも「お助けマン did」を引っ張り出す！

 不規則動詞の疑問文はどうやって作るんですか？

 前回学んだ規則動詞の疑問文とまったく同じなので、安心して。次の例文を見てごらん。

> 動詞 bought の後ろには、「お助けマン did」が隠れている！

Asuka bought a bag last week.

↓ 「お助けマン did」を引っ張り出す！

Asuka did buy a bag last week.

Did Asuka buy a bag last week?

> 「お助けマン did」を文のはじめに置き、？マークをつける。

What did Asuka buy last week? ← wh語を文頭移動＋お助けマン！

Who bought a bag last week? ← wh語が主語の場合は語順はそのまま

Did で聞かれた疑問文には、did を使って答えるよ。イエスの場合は、Yes, I did.、ノーの場合は、did の後ろに否定を表す not をつけた No, I did not. あるいはその短縮形で No, I didn't. と答えるよ。

 否定文の作り方は Asuka did not buy a bag last week. のように、引っ張り出した「お助けマン did」の後ろに not をつければいいのですね。

 そうだね。これからは規則動詞と不規則動詞を駆使して、過去についていろいろと英語で語ることができるね。これまで出てきた yesterday（昨日）、last night（昨晩）、last week（先週）のような過去のさまざまな時間を表す表現もよく覚えておこう。

> yesterday afternoon（昨日の午後）、last Wednesday（この前の水曜日）、
> last month（先月）、last June（この前の6月）、last year（去年）、
> the day before yesterday（おととい）、three hours ago（3時間前に）、
> four days ago（4日前に）、two years ago（2年前に）

一言メモ

「本当に～したんですよ」と過去の動作・状態を強調したいときにも、「お助けマン did」が活躍するよ。その場合は did を強く発音しよう。
I did love her.（本当に彼女のことを愛していたんです。）
I did know his secret.（本当に彼の秘密を知っていたんですよ。）

高速組み立てトレーニング

> 練習するときは、赤色シートをかぶせてやってみてね。

高速変換トレーニング：日本語➡英語 085

手順1 聞こえてくる日本語の文を英語の語順に沿って言ってみよう。
手順2 「English!」という指示が聞こえたら、英語に直して言ってみよう。

例 エマは　昨日　すき焼きを　食べました。
- 🔊 英語の語順で言ってみよう　　➡ 【エマは】【食べました】【すき焼きを】【昨日】
- 🔔 English!　　➡ 【Emma】【ate】【sukiyaki】【yesterday】.

---

1 彼女は　先週　このコンピュータを　買いました。
- 🔊 英語の語順で言ってみよう　　➡ 【彼女は】【買いました】【このコンピュータを】【先週】
- 🔔 English!　　➡ 【She】【bought】【this computer】【last week】.

---

2 私は　昼食の後に　コーヒーを　飲みました。
- 🔊 英語の語順で言ってみよう　　➡ 【私は】【飲みました】【コーヒーを】【昼食の後に】
- 🔔 English!　　➡ 【 I 】【 drank 】【 coffee 】【 after lunch 】.

---

3 アメリア (Amelia) は　3日前に　私の甥に　会いました。
- 🔊 英語の語順で言ってみよう　　➡ 【アメリアは】【会いました】【私の甥に】【3日前に】
- 🔔 English!　　➡ 【Amelia】【met】【my nephew】【three days ago】.

---

4 カミラ (Camila) は　昨晩　ルーク (Luke) に　手紙を　書きました。
- 🔊 英語の語順で言ってみよう　　➡ 【カミラは】【書きました】【手紙を】【ルークに】【昨晩】
- 🔔 English!　　➡ 【Camila】【wrote】【a letter】【to Luke】【last night】.

2ステップ語順トレーニング 086

2つのStepをふんで、wh語を使った疑問文を完成させよう。

手順1 日本語を英語の語順に沿った文に変えて声に出して言ってみよう。次に5秒間で英語に直して、語順操作の準備を整えよう。

手順2 次の2つのStepをふんで、wh語を使った疑問文を完成させよう。
Step1：wh語を文頭に移動する！
Step2：「お助けマン！」の掛け声が聞こえたら、お助けマンを主語の前に置いて疑問文を完成させて言ってみよう。

例 ルーシーは今朝、何を飲みましたか？

　　　　　　　　　　　　　　　　　誰が　　　　どうする　　何を　　いつ
- 🔊 英語の語順で言ってみよう！　➡ 【ルーシーは】【飲みました】【何を】【今朝】
- 🔔 日本語を英語に直してみよう！　➡ 【Lucy】【drank】【what】【this morning】
- 🔔 Step1：wh語を移動！　➡ What Lucy drank this morning
- 🔊 Step2：お助けマン！　➡ What <u>did</u> Lucy drink this morning?　**完成！**

140

1　太郎はいつカサをなくしましたか？　誰が　　　どうする　　　　何を　　　いつ
   - 🔊 英語の語順で言ってみよう！　→【太郎は】【なくしました】【カサを】【いつ】
   - 🔔 日本語を英語に直してみよう！　→【Taro】【lost】【his umbrella】【when】
   - 🔔 Step1：wh語を移動！　→ When Taro lost his umbrella
   - 🔊 Step2：お助けマン！　→ When did Taro lose his umbrella?

2　サラ (Sarah) はどうやって沖縄に行きましたか？
   　　　　　　　　　　　　　　誰が　　　どうする　　どこへ　　どうやって
   - 🔊 英語の語順で言ってみよう！　→【サラは】【行きました】【沖縄へ】【どうやって】
   - 🔔 日本語を英語に直してみよう！　→【Sarah】【went】【to Okinawa】【how】
   - 🔔 Step1：wh語を移動！　→ How Sarah went to Okinawa
   - 🔊 Step2：お助けマン！　→ How did Sarah go to Okinawa?

3　田中先生 (Ms. Tanaka) は先週末、何を買いましたか？
   　　　　　　　　　　　　　誰が　　　　　どうする　　何を　　　いつ
   - 🔊 英語の語順で言ってみよう！　→【田中先生は】【買いました】【何を】【先週末】
   - 🔔 日本語を英語に直してみよう！　→【Ms. Tanaka】【bought】【what】【last weekend】
   - 🔔 Step1：wh語を移動！　→ What Ms. Tanaka bought last weekend
   - 🔊 Step2：お助けマン！　→ What did Ms. Tanaka buy last weekend?

4　先週、彼女は何冊の本を売りましたか？
   　　　　　　　　　　　　　誰が　　　どうする　　　　何を　　　いつ
   - 🔊 英語の語順で言ってみよう！　→【彼女は】【売りました】【何冊の本を】【先週】
   - 🔔 日本語を英語に直してみよう！　→【She】【sold】【how many books】【last week】
   - 🔔 Step1：wh語を移動！　→ How many books she sold last week
   - 🔊 Step2：お助けマン！　→ How many books did she sell last week?

5　どこでその鍵を見つけましたか？　誰が　　　どうする　　　何を　　　どこで
   - 🔊 英語の語順で言ってみよう！　→【あなたは】【見つけました】【その鍵を】【どこで】
   - 🔔 日本語を英語に直してみよう！　→【 You 】【 found 】【 the key 】【 where 】
   - 🔔 Step1：wh語を移動！　→ Where you found the key
   - 🔊 Step2：お助けマン！　→ Where did you find the key?

🏃 高速レスポンス 🔊087

手順 聞こえてくる日本語の文を、瞬時に英語に言い換えよう。ポーズの後で解答例が流れます。

例　先週、中国語の辞書を買いました。　→ I bought a Chinese dictionary last week.

🔊 英語で言ってみよう！

1　私たちは神戸でとても楽しい時間を　→ We had a great time in Kobe.
　　過ごしました。
2　私は昨晩、とても遅く帰宅しました。　→ I came home very late last
　　　　　　　　　　　　　　　　　　　　night.
3　夕食の後にタカシは子供たちといっ　→ Takashi took a bath with his
　　しょにお風呂に入りました。　　　　　children after dinner.
4　私たちは名古屋に行く途中、富士山を　→ We saw Mount Fuji on our
　　見ました。　　　　　　　　　　　　　way to Nagoya.
5　何人の生徒がメイソン先生　　　　　→ How many students knew
　　(Mr. Mason) のEメールアドレスを　　Mr. Mason's e-mail address?
　　知っていましたか？

🏃 高速組み立てチャレンジ！ の解答例

1. Chris broke my camera yesterday.　　2. They didn't go to the restaurant last night.
3. Did Nao do her English homework last Sunday?　　4. I met my cousins at the birthday
party.　　5. Fred saw that horror movie last week.　　6. Did you take a walk this
morning?　　7. I didn't buy that brown jacket at the department store.　　8. Who came
to Sam's farewell party last night?　　9. Where did you find my umbrella?　　10. Our
children drank too much milk at the cafeteria.

Lesson 20　be動詞の過去形の文の作り方

be動詞には「イコール動詞」(Lesson 4) と「いる・ある動詞」(Lesson 5)
の2つの役割があることを学んできました。今回は、be動詞を使った
過去形の文について学びます。

🏃 **高速組み立てチャレンジ！** 必ず制限時間内に！

次の日本語の文を瞬時に英文に直して言ってみよう。(解答例は147ページ)

例 父はエンジニアでした。 ➡ My father was an engineer.

1. そのコンサートはエキサイティングでした。

2. その数学の宿題はとても難しかったです。

3. 私の両親は30年前、ハワイにいました。

4. 鹿児島のお天気はどうでしたか？

5. ナオの父親は高校の英語の先生でした。

6. おとといは忙しかったですか？

7. 美和子の好きな作家は誰でしたか？

8. あなたのメガネはソファの上にありませんでした。

9. そのスーパーは駅の正面にありました。

10. その生物の試験はどれくらいの長さでしたか？

be動詞で過去を語れ！

彼女の母親は看護師でした。
Her mother was a nurse.

POINT 1 be動詞は自分自身が過去も語る！
be動詞は過去を語るときも自分自身が変身するので、お助けマンは不要です。

I am a junior high school student.　私は中学生です。

I was an elementary school student last year.

「お助けマン did」は後ろに隠れていない！　be動詞は自分自身が変身して過去を語る！

私は去年、小学生でした。

We were elementary school students last year.

be動詞は主語に合わせて、自分自身の姿を変身させる！

私たちは去年、小学生でした。

POINT 2 be動詞の過去の疑問文・否定文を作るときも自分自身が動く！
be動詞は「サポーター要らずのパワフルな忍者のような動詞」なので、過去の疑問文・否定文を作るときも、お助けマンの力を借りないで、自分自身が動きます。

疑問文

Her mother was a nurse.　彼女の母親は看護師でした。
↓
Was her mother was a nurse?　彼女の母親は看護師でしたか？

否定文

Her mother was not a teacher.
彼女の母親は教師ではありませんでした。

あるいは

Her mother wasn't a teacher.（was notの短縮形）

144

さらに詳しく学ぼう

▶ be動詞は自分自身が過去も語る！

「彼女の母親は看護師です」と現在のことを言うときは、Her mother is a nurse.だけど、「彼女の母親は看護師でした」と過去の話をする場合はどう言えばいいのですか？

be動詞は自分自身が姿を変えて、過去を語るんだ。「彼女の母親は看護師でした」は、「彼女の母親」イコール「看護師」で、「イコール動詞」であるbe動詞の過去形を使って、2つをつなげるんだよ。

　　　主語　　　＝　　何（名詞表現）
　　　彼女の母親は看護師でした。
　　　彼女の母親　＝　　看護師
　　Her mother was a nurse.

> 過去のことを語る「イコール動詞」。主語に合わせて形を変身させる！

be動詞はA＝Bで「Aの状態」を表すときにも使いますよね。

そのとおり。「彼らはとても空腹でした」のように、「彼ら」の過去の状態を表すときもbe動詞の過去形を使うよ。

　　　主語　＝　　〜な状態
　　　彼らはとても空腹でした。
　　　彼ら　＝　　とても空腹な状態
　　They were very hungry.

それにbe動詞は「Aは〜にいます・あります」のように、「いる・ある動詞」としての働きもありますね。「スティーブは日本にいました」はSteve was in Japan.ですね。

　　　主語　　　　いた・あった　どこに（場所を現す表現）
　　　スティーブ　いた　　　　　日本に
　　Steve　　　was　　　　　in Japan.

playedのような一般動詞の過去形が「お助けマンdid」の力を借りていたのとは対照的に、be動詞は自分自身が姿を変えて過去を語るんだよ。be動詞の過去形は主語に合わせて変身するので、それぞれの主語にマッチした変身フォームを瞬時に正確に言えるようにね。現在形はam, is, areの3種類だったけど、過去形はwasとwereの2種類だよ。

主語	単数	複数
自分（話し手）	I was	we were
あなた（聞き手）	you were	you were
自分やあなた以外	he was she was it was	they were

POINT 2 be動詞の過去の疑問文・否定文を作るときも自分自身が動く！

 「彼女の母親は看護師でしたか？」と過去のことについて質問する場合は、どう言えばいいと思う？

 be動詞は「サポーター要らずのパワフルな忍者のような動詞」だから、過去の疑問文もお助けマンを使わずに、自分自身が動くのかな？

 そのとおり！ be動詞の過去形のwasやwereを主語の前に置くんだよ。
    Her mother ⬜was⬜ a nurse.
    ⬜Was⬜ her mother a nurse? ← be動詞自身が主語の前に移動する！

 じゃあ、答え方はイエスの場合は、Yes, she was. で、ノーの場合は、No, she wasn't. ですね。

 「彼女の母親は教師ではありませんでした」のような否定文を作るには、be動詞wasやwereの直後に否定を表すnotをつければいいんですよね。
    Her mother ⬜was⬜ ⬜not⬜ a teacher.
    Her mother ⬜wasn't⬜ a teacher.（was notの短縮形）

 そう。主語がtheyのような複数の場合は、They were not teachers.や、その短縮形を使ったThey weren't teachers.となるよ。それから、wh疑問文の作り方も現在形の場合とまったく同じだよ。
    誰 ＝ 看護師
    Who was a nurse? ← wh語が主語の場合は、語順はそのまま。主語のwh語は「孤独な第三者」として扱う。

    お天気 ＝ どんな状態？
    How was the weather? ← wh語を文頭に置いて、be動詞自身を主語の前に

高速組み立てトレーニング

高速変換トレーニング：日本語→英語 089

手順　英語の語順とbe動詞の役割と形に注意しながら、日本語を英語に直して言ってみよう。

例1　私は小学生でした。
➡ 英語に直して言ってみよう！
誰は　イコール　　何
→【 I 】【was】【an elementary school student】.

例2　私は6年前、福島にいました。
➡ 英語に直して言ってみよう！
誰は　いる・ある　どこに　いつ
→【 I 】【was】【in Fukushima】【six years ago】.

1　昨日、私たちはとても忙しかったです。
➡ 英語に直して言ってみよう！！
誰は　イコール　～な状態　いつ
→【We】【were】【very busy】【yesterday】.

2　あの俳優はとても人気がありました。
➡ 英語に直して言ってみよう！
誰は　イコール　～な状態
→【That actor】【was】【very popular】.

3　ジョンのお財布はテーブルの下にありました。
➡ 英語に直して言ってみよう！
何は　いる・ある　どこに
→【John's wallet】【was】【under the table】.

4　私の両親は卓球の選手でした。
➡ 英語に直して言ってみよう！
誰は　イコール　何
→【My parents】【were】【table tennis players】.

5　私は今朝、とても眠かった。
➡ 英語に直して言ってみよう！
誰は　イコール　～な状態　いつ
→【 I 】【was】【very sleepy】【this morning】.

6　彼らのこどもたちは2005年から2010年までタイにいました。
➡ 英語に直して言ってみよう！
誰は　いる・ある　どこに　いつ
→【Their children】【were】【in Thailand】【from 2005 to 2010】.

高速組み立てチャレンジ！ の解答例

1. The concert was exciting.　2. The math homework was very difficult.
3. My parents were in Hawaii 30 years ago.　4. How was the weather in Kagoshima?
5. Nao's father was an English teacher at a senior high school.
6. Were you busy the day before yesterday?　7. Who was Miwako's favorite writer?
8. Your glasses were not on the sofa.　9. The supermarket was in front of the station.
10. How long was the biology exam?

1 あなたのお父さんは会社員でしたか？ 　　　　🔊 並べ替えて言ってみよう！
(worker, father, an, your, office, was)? → Was your father an office worker?

2 そのイギリス映画はどうでしたか？
(how, British, the, was, movie)? → How was the British movie?

3 昨日の晩、あなたはどこにいましたか？
(you, night, where, last, were)? → Where were you last night?

4 その宿題は少しも簡単ではありませんでした。
(not, the, all, easy, was, homework, at). → The homework was not easy at all.

5 シンガポールの天気はどうでしたか？
(was, Singapore, weather, the, how, in)? → How was the weather in Singapore?

6 私のメガネは台所にはありませんでした。
(kitchen, not, glasses, the, were, in, my). → My glasses were not in the kitchen.

7 イザベラの生徒たちは体育館にいませんでした。
(Isabella's, the, not, students, in, gym, were). → Isabella's students were not in the gym.

8 10年前、日本では何が人気がありましたか？
(years, was, Japan, ago, ten, what, popular, in)? → What was popular in Japan ten years ago?

148

🏃 高速レスポンス 🔊091

手順　聞こえてくる日本語の文を、瞬時に英語に言い換えよう。ポーズの後で解答例が流れます。

例　父は家にいませんでした。　　　　　→ My father was not at home.

🎵 英語で言ってみよう！

1　その美術館は公園の中にありました。→ The art museum was in the park.

2　君の新しい携帯電話はいくらでしたか？→ How much was your new cellphone?

3　ソフィア (Sophia) とルナ (Luna) はピアノを弾くのがとても得意でした。→ Sophia and Luna were very good at playing the piano.

4　今朝はあまりにも忙しくてシャワーを浴びることができませんでした。→ I was too busy to take a shower this morning.

5　その夕方には山手線で事故がありました。→ There was an accident on the Yamanote Line that evening.

Lesson 21　助動詞 will の使い方

助動詞willを使って未来について語る表現を学びます。助動詞canと同じように、助動詞willも目立ちたがり屋のお助けサポーターです。

🏃 高速組み立てチャレンジ！　必ず制限時間内に！　 🕐60秒

次の日本語の文を瞬時に英文に直して言ってみよう。(解答例は153ページ)

例　明日は買い物に行きます。

　　➡　I will go shopping tomorrow.

1. 彼らは試験に合格するでしょう。
2. 来月、私はとても忙しいでしょう。
3. 工藤夫妻はそのホテルに2日間滞在するつもりです。
4. 今晩、そのドラマを見るつもりですか？
5. あなたはその長旅の後、とても疲れるでしょう。
6. 昭夫は今週末に新しいコンピュータを買うつもりです。
7. 誰が私たちを駅まで車で連れて行ってくれる？
8. カーター (Carter) のお別れパーティーには参加しないつもりです。
9. (電話がかかってきて) 私が電話にでます。
10. 明日は映画を見に行きます。

Today's Mission　「お助けマン will」で未来を語れ！

彼らは試合に勝つでしょう。
They will win the game.

POINT 1　動詞の前に「お助けマン will」を置くと、未来を語れる！
これから先のことについて「〜だろう」と予測したり、（いまその場で決めて）「〜しようと思う」という意志を表すときには、動詞の前に「お助けマン will」を置きます。

彼は 6時30分に 到着するでしょう。
He will arrive at 6:30.

私が 手伝ってあげましょう。
I will help you.

POINT 2　be going to でも未来のことを表現できる！
前もって決めていたことについて「〜するつもりだ」という予定を伝えたり、これから起こりそうなことを言うときには、be going to を使う！

今晩そのドラマを見るつもりです。
I am going to watch the drama tonight.

（黒い雲を見上げて）雨が降りそうです。
It is going to rain .

さらに詳しく学ぼう

POINT 1 動詞の前に「お助けマンwill」を置くと、未来を語れる！

今回は新たなお助けマンのwillを紹介するよ。canと同じように目立ちがり屋で、動詞の前に姿を現すんだ。 「お助けマンwill」は未来を表す表現で、これから先のことについて「〜だろう」と予測を述べるときに使えるよ。「彼らは試合に勝つでしょう」という予測は次のように言うよ。

They　will　win　the game.

「彼は6時30分に到着するでしょう」という予測を言いたいときは、He　will　arrive at 6:30. でいいですか？

そのとおり。「お助けマンcan」と同様に、主語が「孤独な第三者」のときでも、wills arriveとかwill arrivesのようにsをつけないよ。それから「お助けマンwill」は、突然目の前に困っている人を発見したときに相手に向かって、「手伝ってあげましょう」と言うときのように、今その場で決めたことを表す場合にも使うんだ。

I　will　help　you.

じゃあ、自分の好きな俳優が出るドラマが今晩放送されることを、話している相手から教えてもらったときに、「私は今晩そのドラマを見ます」と言いたいときには…

その場で決めたことなので、I　will　watch　the drama tonight. ですね。

大正解！ 「私たちは今週末、忙しくなるでしょう」と「未来の状態」を言う場合は、

We　will　be　busy this weekend.

と、主語が何であろうと、willの後ろにbe動詞をbeという形でつけるよ。

「お助けマンwill」を使った疑問文や否定文も、「お助けマンcan」と作り方は同じですか？

そう。疑問文は「お助けマンwill」を文頭に移動するよ。そして、willでたずねられたらwillで答えるんだ。will notの短縮形はwon'tだよ。

Will　they　win　the game?
Yes, they　will.
No, they　will　not. または No, they　won't.

POINT 2 ▶ be going to でも未来のことを表現できる！

 今その場で決めたことを表すのに I will watch the drama tonight. と言うとのことですが、例えば、自分の好きな俳優の出るドラマが放送されることを前から知っていて、自分で今晩そのドラマを見ることをすでに決めていた場合、それを友達に伝えるには何と言いますか？

 前もって決めていたことについて、「〜するつもりだ」と予定を伝えるときは、be going to という未来表現を使って、次のように言うよ。

　　I am going to watch the drama tonight. (今晩そのドラマを見るつもりなんだ)

be going to の be はもちろん be 動詞のことだから、主語に応じて変身させることを忘れずにね (be 動詞の変化については Lesson 4 p.35 参照)。疑問文や否定文の作り方も、これまで習った be 動詞を使った文と同じだよ。

【疑問文】
　　Are you going to watch the drama tonight?
　　　　　　Yes, I am.
　　　　　　No, I am not. または No, I 'm not.

【否定文】
　　I am not going to watch the drama tonight.

それから be going to は、今の状況をもとに判断をして、将来起こりそうな出来事を予想するときにも使うよ。黒い雨雲が空に出てきているのを見ながら、「雨が降りそうだ」と言う場合がそうだね。

　　It is going to rain.

出産を控えてお腹がずいぶん大きくなっている友達のことを、話している相手に伝えたいときにも、be going to が使えるね。be going to も「お助けマン will」も直後の動詞が be 動詞の場合は、主語が何であれ be となるので要注意だよ。

　　She is going to be a mother soon. (まもなく彼女はお母さんになります)

🏃 高速組み立てチャレンジ！ の解答例

1. They will pass the exam.　　2. I will be very busy next month.　　3. Mr. and Mrs. Kudo are going to stay at the hotel for two days.　　4. Are you going to watch the drama tonight? 5. You'll be very tired after the long trip.　　6. Akio is going to buy a new computer this weekend.　　7. Who will drive us to the station?　　8. I am not going to attend Carter's farewell party.　　9. I will answer the phone.　　10. I will go to see a movie tomorrow.

高速組み立てトレーニング

練習するときは、赤色シートをかぶせてやってみてね。

🏃 高速変換トレーニング：日本語→英語 🔊 093

手順 1 聞こえてくる日本語の文を英語の語順に沿って言ってみよう。

手順 2 「English!」という指示が聞こえたら、「お助けマンwill」を使って英語に直して言ってみよう。

例 彼女は 良い先生に なるでしょう。

🗨 英語の語順で言ってみよう　　➡【彼女は】【なるでしょう】【良い先生に】

🔔 English!　　➡【 She 】【 will be 】【 a good teacher 】.

---

1 ハンナ (Hannah) に 明日 電話します。

🗨 英語の語順で言ってみよう　　➡【私は】【電話します】【ハンナに】【明日】

🔔 English!　　➡【 I 】【will call】【Hannah】【tomorrow】.

---

2 マシュー (Matthew) は タクシーに 乗らないでしょう。

🗨 英語の語順で言ってみよう　　➡【マシューは】【乗らないでしょう】【タクシーに】

🔔 English!　　➡【 Matthew 】【 will not take 】【 a taxi 】.

---

3 彼は 日本で 有名な歌手に なるでしょう。

🗨 英語の語順で言ってみよう　　➡【彼は】【なるでしょう】【有名な歌手に】【日本で】

🔔 English!　　➡【He】【will be】【a famous singer】【in Japan】.

---

4 あなたに 今日の午後 Eメールします。

🗨 英語の語順で言ってみよう　　➡【私は】【Eメールします】【あなたに】【今日の午後】

🔔 English!　　➡【 I 】【will email】【you】【this afternoon】.

---

5 私たちは 羽田空港に 10時30分ごろに 到着するでしょう。

🗨 英語の語順で言ってみよう　　➡【私たちは】【到着するでしょう】【羽田空港に】【10時30分ごろに】

🔔 English!　　➡【We】【will arrive】【at Haneda Airport】【at around 10:30】.

🏃 高速並べ替えトレーニング 🔊 094

手順 1 「Start!」の掛け声が聞こえたら、日本語の意味を表すように、（　　）内の与えられた単語を5秒間で並べ替えて、頭の中で英文を作ってみよう。文頭にくる単語の最初の文字も小文字で書かれています。

手順 2 合図の音が聞こえたら、並べ替えて作った英文を声に出して言ってみよう。

---

1 私は彼らの結婚式に出席するつもりです。

(their, am, wedding, I, attend, going, ceremony, to).

🗨 並べ替えて言ってみよう！

➡ I am going to attend their wedding ceremony.

2　彼らは来月、富士山に登るつもりです。
(they, climb, next, going,
Mount Fuji, to, are, month).
→ They are going to climb
Mount Fuji next month.

3　マヤは今晩、夕食を料理するつもり
ですか？
(dinner, to, is, tonight, going,
Maya, cook)?
→ Is Maya going to cook dinner
tonight?

4　私たちは今週末、庭を掃除するつも
りです。
(weekend, to, we, this, clean,
are, garden, our, going).
→ We are going to clean our
garden this weekend.

5　ミオは来年、フィリピンで英語を勉強
するつもりですか？
(English, is, to, next, study,
going, in, Mio, the Philippines,
year)?
→ Is Mio going to study English
in the Philippines next year?

6　キヨシは夏休み中に家族と青森に行
くつもりです。
(with, during, to, to, summer,
his, Kiyoshi, going, Aomori, is,
go, vacation, family).
→ Kiyoshi is going to go to
Aomori with his family during
summer vacation.

🏃 高速レスポンス 🔊095

手順　聞こえてくる日本語の文を、瞬時に英語に言い換えよう。ポーズの後で解答例が流れます。

例　今日の午後は宿題をやります。 → I will do my homework this afternoon.

🔊 英語で言ってみよう！

1　8時に函館を出発するつもりです。 → I am going to leave Hakodate
at eight.

2　明後日はライアン (Ryan) とデートを
するつもりですか？
→ Are you going to have a date
with Ryan the day after
tomorrow?

3　今週末は風が強く、寒いでしょう。 → It will be windy and cold this
weekend.

4　バス停まで君のスーツケースを運びま
すよ。
→ I will carry your suitcase to
the bus stop.

5　仕事の後、テレビでその英語の番組を
見るつもりですか？
→ Are you going to watch the
English program on TV after
work?

Lesson 22

間違いやすい「AはBです」の正しい組み立て方

カフェでコーヒーを注文するときに、「僕はコーヒーです」を日本語のままの語順で英語にしてしまったら大変なことに。人間扱いされなくなるかもしれません。

🏃 **高速組み立てチャレンジ！** 必ず制限時間内に！

次の日本語の文を瞬時に英文に直して言ってみよう。(解答例は159ページ)

例 私は幸せです。 → I am happy.

1. 太郎は遅刻です。

2. 田中さん (Mr. Tanaka) はいつも白いシャツです。

3. 母は庭です。

4. 私は毎朝、ごはんです。

5. この場所は危険です。

6. ジョン (John) は病気です。

7. (好きだった教科を聞かれて) 私は数学でした。

8. (出身を聞かれて) 私は沖縄です。

9. 母は早起きです。

10. 山田さん (Ms. Yamada) は会議室です。

Today's Mission ▶ 「AはBです」に引きずられるな！

私はステーキです。
(レストランで「ご注文は？」と聞かれて)
I will have a steak.

POINT 1 ▶ 日本語の「AはBです」は英語の"A is B."とは限らない！

頭に浮かんだ日本語の「AはBです」をそのまま英語のA is B.に置き換えて話すと、言いたいことが通じない場合があるので気をつけましょう。

(お父さんはどこ？と聞かれて)「父は京都です」

	父	イコール	京都
×	My father	is	Kyoto .

↓

	父	いる・ある	京都に
○	My father	is	in Kyoto .

> 場所を表す表現（どこに）を用いる！

POINT 1 ▶ 「AはBです」が伝えたい内容を考え、英語の語順で表そう！

「AはBです」をそのままA＝Bに置き換えられない場合は、何を言いたいのかに応じて、「主語＋動詞」の組み立て方を工夫しましょう。

(レストランで「ご注文は？」と聞かれて)「私はステーキです」

	私	イコール	ステーキ
×	I	am	a steak .

↓

	私は	食べます	ステーキを
○	I	will have	a steak .

さらに詳しく学ぼう

日本語の「AはBです」は英語の”A is B.”とは限らない！

 日本語とは異なる英語の語順にはだいぶ慣れてきたかな。

 はい。英文の組み立て方が体に染み付いてきました。

 今回は慣れてきた頃によくはまってしまう落とし穴をいっしょに克服しよう。では、さっそく第1問。あなたのお父さんがいま仕事のため、家族と離れて京都に住んでいると仮定しよう。相手から「お父さんはどこにいるの？」って聞かれて、「父は京都です」と英語で答えたいときは、何て言うかな？

 まかせてください。「父」イコール「京都」なので、「イコール動詞」のbe動詞を忘れないってことでしたよね。「父」は「私の父」のように日本語で省略されている「私の」をあぶりだしてmy fatherにして、この主語に合うbe動詞はisだから、

My father is Kyoto .

 ヒロ君、これまで学んできた重要ポイントを押さえていてすごく健闘したけれど、実はその英語では通じないんだ。「AはBです」という表現には、My father is a doctor.（父は医者です）のように、A＝BのBのところに「Aの姿そのもの」を表す名詞表現がくることもあるけど（Lesson 4参照）、「父は京都です」をこれと同じように考えて、My father is Kyoto.と言ってしまうと、お父さんは実は「人間」ではなくて、「京都そのもの」ってことになってしまう。あるいは、「父はキョウトっていう名前なんです」と言っていると勘違いされるかも。「父は京都です」は単純にA＝Bと考えてmy fatherとKyotoをつなげるのではなく、「AはBにいます・あります」って考えれば解決するんだ。

	A（主語）	いる・ある	どこに
⇒	私の父	いる・ある	京都に
⇒	My father	is	in Kyoto .

「京都です」というのは、「京都にいる」と考えて、「京都に」という場所を表す表現にして伝えないといけないんだ。お母さんのいる場所をたずねられて、「母は台所です」をMy mother is a kitchen.なんて言うのも間違いだよ。

 正しくは、My mother is in the kitchen.ですね。

POINT 2　「AはBです」が伝えたい内容を考え、英語の語順で表そう！

じゃあ、第2問。レストランで店員さんに「ご注文は？」と聞かれて、「私はステーキです」と言いたいときは？

「私はステーキです」も、「AはBです」のパターンに引きずられて、I am a steak.って言いそうになるけど、これだと、私は「人間」ではなく、「ステーキ」という食べ物になってしまいますね。「私はステーキです」って何て言えばいいのかな。

注文をたずねられたんだから、「私はステーキです」ってことは、「私はステーキを注文します」とか「私はステーキを食べます」ってことだから、英語の語順に沿った日本語から英語に直して、I will have a steak.ですね。

私はステーキです
語順変換　➜　私は　　食べます　　ステーキを
英語にチェンジ　➜　I　　will have　　a steak　.

サキさん、すごいね。じゃあ、次の問題。相手から冬休みの予定を聞かれて、「この冬は札幌です」と言うには？

もうひっかかりませんよ。This winter is Sapporo.はダメですよね。言いたいことは、「私はこの冬に札幌を訪れるつもりです」というようなことなので、「私は＋訪れるつもりです＋札幌を＋この冬に」と英語の語順で文を組み立てます。

この冬は札幌です
語順変換　➜　私は　　訪れるつもりです　　　札幌を　　　この冬に
英語にチェンジ　➜　I　　am going to visit　　Sapporo　　this winter　.

正解。多くの人が、日本語の「AはBです」を単純にA＝Bと当てはめて、A is B.のような英文を作ってしまうことが多いんだけど、ちょっと立ち止まって、その日本語の「AはBです」は結局、「誰が・何が　　どうする　　（何を）」を言いたいのかなって考える癖をつけると、この「AはBです」を英語で表すときの落とし穴から抜け出すことができるよ。

🏃 高速組み立てチャレンジ！ の解答例

1. Taro is late.　　2. Mr. Tanaka always wears a white shirt.　　3. My mother is in the garden.
4. I eat rice every morning.　　5. This place is dangerous.　　6. John is sick.
7. I liked math.　　8. I am from Okinawa.　　9. My mother gets up early.
10. Ms. Yamada is in the meeting room.

高速組み立てトレーニング

練習するときは、赤色シートをかぶせてやってみてね。

🏃 高速穴埋めトレーニング 🔊097

手順1　日本語の文の音声と同じ意味になるよう、5秒間で（　　）に適切な英語を入れよう。
手順2　合図の音が聞こえたら、英文をまるごと声に出して言ってみよう。
手順3　ポーズの後で、正解の音声が流れるのでリピートしよう。

例　（父がどこにいるか聞かれて）父は岡山です。　→ My father is (in) Okayama.

1　（メアリーの居場所を聞かれて）　　　　🔊 適切な英語を入れて言ってみよう！
　　メアリーは郵便局です。　　　　　→ Mary is (in) the post office.

2　トムは明日、野球です。　　　　　→ Tom is going to (play) baseball tomorrow.

3　母は犬の散歩です。　　　　　　　→ My mother is taking our dog for a (walk).

4　（毎日の通勤手段を聞かれて）
　　私は地下鉄です。　　　　　　　→ I go to work (by) subway.

5　（お父さんは何を飲みますか？と聞かれて）
　　父はビールです。　　　　　　　→ My father (drinks) beer.

6　そのタオルは清潔です。　　　　　→ That towel is (clean).

7　（お兄さんはいま何しているの？と聞かれて）→ My brother is (taking) a shower.
　　兄はシャワーです。

8　（レストランで注文を聞かれて）
　　私はカレーです。　　　　　　　→ I will (have) curry.

🏃 高速並べ替えトレーニング 🔊098

手順1　「Start!」の掛け声が聞こえたら、日本語の意味を表すように、（　　　）内の与えられた単語を5秒間で並べ替えて、頭の中で英文を作ってみよう。文頭にくる単語の最初の文字も小文字で書かれています。
手順2　合図の音が聞こえたら、並べ替えて作った英文を声に出して言ってみよう。

1　明日は買い物です。　　　　　　🔊 並べ替えて言ってみよう！
　　(shopping, going, go, tomorrow, → I am going to go shopping tomorrow.
　　am, to, I).

2　（あなたは何を食べますか？と聞かれて）
私はスパゲティです。
(spaghetti, have, I, will).

🔊 並べ替えて言ってみよう！

→ I will have spaghetti.

3　ロンはいつも黄色いTシャツですか？
(always, a, T-shirt, Ron, does, yellow, wear)？

→ Does Ron always wear a yellow T-shirt?

4　私たちは明日の午後は盛岡です。
(be, tomorrow, we, Morioka, will, in, afternoon).

→ We will be in Morioka tomorrow afternoon.

5　今朝は大雨です。
(hard, is, morning, this, it, raining).

→ It is raining hard this morning.

6　今週の日曜日は映画です。
(this, I, movie, to, a, Sunday, am, see, going).

→ I am going to see a movie this Sunday.

7　出張は最悪でした。
(was, business, our, terrible, trip).

→ Our business trip was terrible.

8　そのバスは満員でした。
(was, of, passengers, the, full, bus).

→ The bus was full of passengers.

🏃 高速レスポンス 🔈

手順　聞こえてくる日本語の文を、瞬時に英語に言い換えよう。ポーズの後で解答例が流れます。

例　父は明日はゴルフです。

→ My father is going to play golf tomorrow.

🔊 英語で言ってみよう！

1　娘はバス通学です。
→ My daughter takes a bus to school.

2　10年前、彼らは貧乏でした。
→ They were poor ten years ago.

3　母は台所で皿洗いです。
→ My mother is washing the dishes in the kitchen.

4　今年の夏は富士登山です。
→ I am going to climb Mount Fuji this summer.

5　文房具屋はその角です。
→ The stationery store is on the corner.

目的語が2つある文（SVOO）の語順

英語の「AにBを〜する」と言うときの語順には厳密なルールがあるので、間違わないよう注意が必要です。

🏃 **高速組み立てチャレンジ！** 必ず制限時間内に！ 100 60秒

次の日本語の文を瞬時に英文に直して言ってみよう。(解答例は168ページ)

例 高橋先生は私たちに英語を教えています。

→ Mr. Takahashi teaches us English.

1. ボブ (Bob) はリンゴを1つメアリーにあげた。
2. 太郎に長い手紙を書きました。
3. 君の新しい携帯を見せて。
4. ジョン (John) は私の息子にドイツ語を教えていました。
5. 彼女はアリス (Alice) にかわいいカバンを作りました。
6. おじさんは私にこの電子辞書をくれました。
7. 母は毎晩、私に本を読んでくれました。
8. ピーター (Peter) は私たちにスパゲティを作ってくれました。
9. ヘレン (Helen) は生徒たちに美しい英語の歌を歌いました。
10. 私は娘に新しい靴を一足、買うつもりです。

Today's Mission ▷ 「どっちに」「どっちを」の順番を間違うな！

エマは 私に この本を くれました。
Emma gave me this book.

POINT 1 ▷ 「A（人）にB（モノ）を〜する」と言うときの語順に注意しよう！
「主語＋動詞」の後ろに目的語A（人）、B（モノ）を2つ続けて置き、「主語＋動詞＋A（人）＋B（モノ）」とすると、「A（人）にB（モノ）を〜する」という意味になります。give、show、teach、buyなどこの語順パターンをとる動詞は決まっています。

Emma gave me this book.　エマは 私に この本を くれました。
↑「私に この本を」のように「に→を」の順番になっている！
仁王様（「に・を」様）の法則として覚えよう！

My uncle bought me a camera.　おじは 私に カメラを 買ってくれた。
bought a camera me.のように語順を間違わないこと！

POINT 2 ▷ B（モノ）＋A（人）に並べ替える場合は要注意！
「主語＋動詞＋A（人）＋B（モノ）」の英文は語順を変えて、「主語＋動詞＋B（モノ）＋〈toまたはfor〉A（人）」のように表すこともできます。toを用いるか、forを用いるかは動詞によって異なります。

Emma gave this book to me.
My uncle bought a camera for me.

さらに詳しく学ぼう

POINT 1 「A（人）にB（モノ）を～する」と言うときの語順に注意しよう！

 これまで習ってきたEmma speaks Japanese.のような文は、「エマは＋話します＋日本語を」のように目的語が１つだけだったけど、今回はEmma gave me this book.のように目的語が２つ並んで出てくる文を紹介するよ。

Emma	gave	me	this book.
エマは	くれました	私に	この本を

多くの場合、１つ目の目的語Aは「人」、２つ目の目的語Bは「モノ」だよ。「主語＋動詞＋目的語＋A（人）＋B（モノ）」のように並べて、「A（人）にB（モノ）を～する」という意味を表すんだ。

日本語だと「エマは私に この本をくれました」でも「エマはこの本を 私にくれました」でもOKですね。英語の場合もEmma gave this book me.はOKですか？

Emma gave this book me.は間違った英語だよ。英語では動詞の後ろに２つの目的語（AとB）を並べて、「A（人）にB（モノ）を～する」と言いたいときは、必ず A（人）に→B（モノ）を の語順、すなわち、「に・を」の語順で文を組み立てるんだ。これを仁王様（「に・を」様）の法則と呼ぶことにするよ。

「に・を」様の法則だと、「私に→この本を」の語順にしないといけないので、Emma gave me this book.ですね。

そのとおり。実は「に・を」様の法則があてはまる目的語を２つ並べられる動詞というのは決まっていて、giveの他にはshow, tell, teach, buy, makeなどがあるよ。

I showed her my passport.	彼女に 私のパスポートを 見せました
John told me an interesting story.	私に おもしろい話を 話してくれました
Mr. Tanaka teaches us math.	私たちに 数学を 教えています
My uncle bought me a camera.	私に カメラを 買ってくれました
She made them some cookies.	彼らに クッキーを 作りました

POINT 2　B（モノ）＋A（人）に並べ替える場合は要注意！

「サムは私に この本を くれました」は、Sam gave me this book.のほかには何か言い方があるんですか？

Sam gave this book to me.という言い方があるよ。「主語＋動詞＋目的語＋A（人）＋B（モノ）」の文で、A（人）とB（モノ）の順番を入れ替える場合には、A（人）の前にtoやforをつける必要があるんだ。動詞giveの場合は、toが必要だよ。

Emma gave <u>me</u> <u>this book</u>.
　　　　　　　A　　　B

Emma gave <u>this book</u> <u>to me</u>.
　　　　　　　　B　　　　A

toを使うか、forを使うかは動詞によって違うんですか？

そう。toを必要とするグループとforを必要とするグループを覚えておこうね。

toを必要とする動詞　give, show, tell, teach, write など

I	showed	my passport	to	her.	彼女に　私のパスポートを　見せました
John	told	an interesting story	to	me.	私に　おもしろい話を　話してくれました
Ken	wrote	a letter	to	Mary.	メアリーに　手紙を　書きました

forを必要とする動詞　buy, make, sing, cook など

My uncle	bought	a camera	for	me.	私に　カメラを　買ってくれました
She	made	some cookies	for	them.	彼らに　クッキーを　作ってあげました
Lisa	sang	a beautiful song	for	us.	私たちに　美しい歌を　歌ってくれました

―言メモ

「彼らに それをあげなさい」のようにA（人）とB（モノ）の両方が代名詞の場合は、「主語＋動詞＋B（モノ）＋〈toまたはfor〉A（人）」の語順をとるのが普通だよ。

Give it to them.　◁ Give them it.とはふつう言わないよ。

練習するときは、赤色シートをかぶせてやってみてね。

🏃 高速穴埋めトレーニング 🔊 101

手順1 日本語の文の音声と同じ意味になるよう、5秒間で (　　) に適切な英語を入れよう。
手順2 合図の音が聞こえたら、英文をまるごと声に出して言ってみよう。
手順3 ポーズの後で、正解の音声が流れるのでリピートしよう。

例　サムは 私に この本を くれました。　→ Sam gave (me) (this book).

💬 適切な英語を入れて言ってみよう！

1　ボブは 指輪を ナンシーに あげました。
→ Bob gave (Nancy) (a ring).

2　彼は 娘の写真を何枚か 私に 見せました。
→ He showed (me) (some pictures) of his daughter.

3　彼女に 今晩 手紙を 書くつもりです。
→ I'm going to (write) (her) (a letter) tonight.

4　リンダは 私に 誕生日のプレゼントを くれました。
→ Linda (gave) (me) (a birthday present).

5　彼らは 私たちに 昨日 中国語の歌を 歌ってくれました。
→ They (sang) (us) (Chinese songs) yesterday.

6　祖母は 昨晩 私に 不思議な話を してくれました。
→ My grandmother (told) (me) (a strange story) last night.

7　バースデー・カードを 彼女に 送りましょう。
→ Let's (send) (her) (a birthday card).

8　渡辺先生は 日本語を ベッキーに 教えているところです。
→ Ms. Watanabe is (teaching) (Becky) (Japanese).

9　パスポートを そこで 彼に 見せなければなりません。
→ You must (show) (him) (your passport) there.

10　私に どんな質問を してもかまいません。
→ You can (ask) (me) (any questions).

🏃 高速並べ替えトレーニング 🔊

手順1 「Start!」の掛け声が聞こえたら、日本語の意味を表すように、（　　　）内の与えられた単語を5秒間で並べ替えて、頭の中で英文を作ってみよう。文頭にくる単語の最初の文字も小文字で書かれています。

手順2 合図の音が聞こえたら、並べ替えて作った英文を声に出して言ってみよう。

🔊 並べ替えて言ってみよう！

1 ルークは息子に時計を買ってあげました。
(Luke, for, a, bought, son, watch, his).
→ Luke bought a watch for his son.

2 このノートを貸してあげよう。
(this, you, will, I, lend, notebook).
→ I will lend you this notebook.

3 母は私に古いアルバムを見せてくれました。
(album, me, mother, my, old, an, showed).
→ My mother showed me an old album.

4 彼女は私たちにすてきな夕食を作ってくれました。
(she, dinner, a, us, nice, made).
→ She made us a nice dinner.

5 エミリーは私の娘にかわいい人形を作ってくれました。
(doll, my, made, pretty, a, for, Emily, daughter).
→ Emily made a pretty doll for my daughter.

6 君に面白い話をしてあげよう。
(tell, story, I'll, you, interesting, an).
→ I'll tell you an interesting story.

7 内田教授はあなたたちに経済学を教えましたか？
(economics, did, you, Professor Uchida, teach)?
→ Did Professor Uchida teach you economics?

8 彼はあなたに郵便局への道順を教えることができます。
(the way, can, office, he, you, to, post, the, tell).
→ He can tell you the way to the post office.

🏃 高速レスポンス 🔊103

手順 聞こえてくる日本語の文を、瞬時に英語に言い換えよう。ポーズの後で解答例が流れます。

| 例 今晩、君に数学を教えよう。 | → I'll teach you math tonight. |

🗣 英語で言ってみよう！

1 太郎はブラウン先生（Mr. Brown）に たくさん質問をしました。
→ Taro asked Mr. Brown a lot of questions.

2 両親は私たちに真実を語ってくれな かった。
→ Our parents didn't tell us the truth.

3 彼女は私たちに最寄駅への道順を教 えてくれました。
→ She showed us the way to the nearest station.

4 そこにある紫色のカサを貸してあげ るよ。
→ I will lend you the purple umbrella over there.

5 彼女にあなたの秘密を教えないよう 気をつけなさい。
→ Be careful not to tell her your secret.

🏃 高速組み立てチャレンジ！ の解答例

1. Bob gave Mary an apple.　　2. I wrote Taro a long letter.　　3. Show me your new cellphone.　　4. John taught my son German.　　5. She made Alice a pretty bag.
6. My uncle gave me this electronic dictionary.　　7. My mother read me a book every night.　　8. Peter cooked us spaghetti.　　9. Helen sang her students a beautiful English song.　　10. I am going to buy my daughter a new pair of shoes.

Lesson 24　動名詞の作り方と使い方

動詞をing形にすると、「〜すること」という意味の名詞として使うことができます。これを「動名詞」といいます。

🏃 **高速組み立てチャレンジ！** 必ず制限時間内に！ 104 🕐60秒

次の日本語の文を瞬時に英文に直して言ってみよう。(解答例は173ページ)

例 私はテレビで相撲を見ることを楽しみます。

→ I enjoy watching sumo on TV.

1. 私はマンガを読むのが好きです。

2. 私の趣味は写真を撮ることです。

3. ヒロシは友人とゴルフをすることを楽しみます。

4. 早起きは健康にいいです。

5. 一人で山に登るのは危険です。

6. 太郎は弟たちとバドミントンをするのが好きです。

7. アリス (Alice) の趣味は庭で野菜を育てることです。

8. ギターを弾くことは楽しいです。

9. 図書館で英語を勉強することは好きではありません。

10. メアリー (Mary) とトム (Tom) は先月、剣道の稽古を始めました。

サッカーを見ること を楽しみます。
I enjoy watching soccer .

POINT 1 動詞をing形にすると名詞に変身させることができる！
動詞をing形にすると「〜すること」という意味を表し、名詞と同じ
働きをします。この「動詞のing形」を「動名詞」と言います。動詞を
名詞化することで、いろいろな動作を名詞に変身させて表すことが
できます。

動詞	名詞に変身！	動名詞
play soccer （サッカーをする）	→	playing soccer （サッカーをすること）
watch soccer （サッカーを見る）	→	watching soccer （サッカーを見ること）

POINT 2 動名詞は「名詞のかたまり」として、文の中で使える！
動名詞は「名詞のかたまり」を作ることができ、文を組み立てるとき
に名詞と同じように使うことができます。

Playing soccer is fun.　　サッカーをすること は楽しい。
I enjoy playing soccer .　　サッカーをすること を楽しみます。
My hobby is playing soccer . 私の趣味は サッカーをすること
　　　　　　　　　　　　　　です。

170

さらに詳しく学ぼう

POINT 1 動詞をing形にすると名詞に変身させることができる！

先生、質問です。僕は自分でサッカーをやるのも、テレビなんかでサッカーを見るのも、両方楽しむんですけど、英語で言うときにI enjoy soccer.だけだと、「やる」と「見る」の違いを伝えられませんよね？

とてもいい質問だね。英語ではそれぞれ次のように言うよ。

サッカー を楽しみます。　　　　　→　I enjoy soccer .
サッカーをすること を楽しみます。→　I enjoy playing soccer .
サッカーを見ること を楽します。　→　I enjoy watching soccer .

英語では、動詞のing形で「〜すること」という意味を表すことができるんだ。この名詞の働きをする「動詞のing形」のことを「動名詞」っていうんだ。

もともと「動詞」だったものが「名詞」として活躍することができるので、「動名詞」なんですね。動詞を使ったいろいろな表現を、「〜すること」のように名詞に変身させられるなんて便利ですね。

動詞（〜する）　　名詞に変身！　　動名詞（〜すること）
speak English　　　→　　speaking English （英語を話すこと）
study English　　　→　　studying English （英語を勉強すること）
eat tomatoes　　　→　　eating tomatoes （トマトを食べること）
grow tomatoes　　　→　　growing tomatoes （トマトを育てること）

POINT 2 動名詞は「名詞のかたまり」として、文の中で使える！

動詞のplayは、play soccer with my friends（友達といっしょにサッカーをする）、play soccer with my friends on Sundays（毎週日曜日に友達といっしょにサッカーをする）のように、いろいろな情報を追加することができますが、動詞を名詞化する動名詞も同じことができますか？

できるよ。動名詞はもともと動詞だからね。動詞が後ろに目的語を置いたり、場所や時間を説明する言葉を加えることができるように、動名詞も動詞と同じことができるんだ。

playing soccer （サッカーをすること）
playing soccer with my friends （友達といっしょにサッカーをすること）
playing soccer with my friends on Sundays （毎週日曜日に友達といっしょにサッカーをすること）

英文を作るときは、「名詞のかたまり」はどうやって使えばいいんですか?

 「何が+どうする+何を」の主語「何が」や、目的語「何を」のところで、普通の名詞と同じように使えるんだよ。また、動名詞が主語になるときは、「孤独な第三者」として扱うので、動詞の形に注意しよう。

Playing soccer with my friends is fun. ← 動名詞が主語
(友達とサッカーをすることは楽しい)　　※主語は「孤独な第三者」として扱うので動詞はis

I like playing soccer with my friends . ← 動名詞が目的語
(私は友達とサッカーをすることが好きです)

I began playing soccer with my friends last year. ← 動名詞が目的語
(私は去年、友達とサッカーをすることを始めました)

172

高速組み立てトレーニング

練習するときは、赤色シートをかぶせてやってみてね。

高速並べ替えトレーニング 105

手順1 「Start!」の掛け声が聞こえたら、日本語の意味を表すように、(　　) 内の与えられた単語を5秒間で並べ替えて、瞬時に英語で「名詞のかたまり」を作ってみよう。

手順2 合図の音が聞こえたら、並べ替えて作った英語を声に出して言ってみよう。

1　インターネットでニュースを読むこと
(news, the Internet, reading, on)
💬 並べ替えて言ってみよう！
→ reading news on the Internet

2　夕食の後にお風呂に入ること
(taking, dinner, a, after, bath)
→ taking a bath after dinner

3　スーパーで野菜を買うこと
(vegetables, the, supermarket, buying, at)
→ buying vegetables at the supermarket

4　ラジオでクラシック音楽を聴くこと
(the, to, music, radio, listening, on, classical)
→ listening to classical music on the radio

5　日本の文化についての本を読むこと
(Japanese, books, culture, about, reading)
→ reading books about Japanese culture

高速組み立てチャレンジ！ の解答例

1. I like reading comic books.　2. My hobby is taking pictures.　3. Hiroshi enjoys playing golf with his friends.　4. Getting up early is good for your health.　5. Climbing a mountain alone is dangerous.　6. Taro likes playing badminton with his brothers.　7. Alice's hobby is growing vegetables in the garden.　8. Playing the guitar is fun.　9. I don't like studying English in the library.　10. Mary and Tom started practicing kendo last month.

🏃 高速ハンティング・トレーニング 🔊106

手順 1 「Start!」の掛け声が聞こえたら、文中から「動名詞を伴う名詞のかたまり」を3秒間で探し出して言ってみよう。

手順 2 ポーズの後で、正解の音声が流れるのでリピートしよう。

(日本語訳は246ページ)

例	I enjoy watching golf.	→ watching golf

🗨 探し出して言ってみよう！

1	My hobby is taking pictures of the moon.	→ taking pictures of the moon
2	Did you finish doing your math homework?	→ doing your math homework
3	Mr. and Mrs. Sato started studying Chinese.	→ studying Chinese
4	Riding a bicycle in the snow is dangerous.	→ Riding a bicycle in the snow
5	My brother likes swimming in the sea.	→ swimming in the sea
6	Playing soccer with children is a lot of fun.	→ Playing soccer with children
7	Aiko enjoys learning three foreign languages.	→ learning three foreign languages
8	Reading an English newspaper is difficult.	→ Reading an English newspaper

174

🏃 高速構造解析トレーニング 🔊107

(日本語訳は246ページ)

手順　次の英文はbe動詞が抜けた不完全な文になっています。[　]内のbe動詞を文中の適切な場所に5秒間で補い、文を完成させて言ってみよう。

例　Singing English songs fun. [is]　→ Singing English songs <u>is</u> fun.

💬 文を完成させて言ってみよう！

1　My father's job writing books. [is]　→ My father's job <u>is</u> writing books.

2　Learning two foreign languages difficult. [is]　→ Learning two foreign languages is difficult.

3　Writing letters in English not easy for me. [was]　→ Writing letters in English <u>was</u> not easy for me.

4　My grandfather's hobby taking pictures. [was]　→ My grandfather's hobby <u>was</u> taking pictures.

5　Visiting that old town a lot of fun. [was]　→ Visiting that old town <u>was</u> a lot of fun.

🏃 高速レスポンス 🔊108

手順　聞こえてくる日本語の文を、瞬時に英語に言い換えよう。ポーズの後で解答例が流れます。

例　電話でおしゃべりをすることはとても楽しいです。　→ Talking on the phone is a lot of fun.

💬 英語で言ってみよう！

1　お互いに理解しあうことがとても重要です。　→ Understanding each other is very important.

2　毎朝パンを焼くことを本当に楽しみました。　→ I really enjoyed baking bread every morning.

3　祖父を病院に連れていくことは容易ではなかった。　→ Taking my grandfather to the hospital was not easy.

4　叔母の夢はハワイに大きな家を買うことでした。　→ My aunt's dream was buying a big house in Hawaii.

5　母の仕事は小さな子供たちの世話をすることです。　→ My mother's job is taking care of small children.

Lesson 25

「to＋動詞の原形」の 名詞としての使い方

前の章では動詞を ing 形にすると動名詞という名詞になることを学びました。今回は動詞の前に to をつけて名詞に変身させる方法と使い方を身につけましょう。

🏃 **高速組み立てチャレンジ！** 必ず制限時間内に！ 🔊 109

次の日本語の文を瞬時に英文に直して言ってみよう。(解答例は182ページ)

例 私は神戸を訪れたいです。 ➡ I want to visit Kobe.

1. 私は歌手になりたいです。

2. トモミはバレー部に入ることを決めました。

3. 母の仕事はオーストラリア人に日本語を教えることです。

4. 野菜を育てることが好きです。

5. 私の夢は俳優になることです。

6. 約束を守ることはとても重要です。

7. ジョン (John) は友達とシンガポールに行きたかったです。

8. 私たちは古い家を売ることを決意しました。

9. これらの日本のマンガ本を読みたいです。

10. 妹の夢は近い将来、看護師になることです。

| Today's Mission | toで動詞を名詞に変身させよ！ |

リンゴを食べること をしたいです。
（＝リンゴを食べたいです）
I want to eat apples .

POINT 1 「動詞の原形」の直前にtoをつけると、名詞に変身する！
「to＋動詞の原形」で「～すること」という意味を表し、名詞と同じ
働きをします。この「to＋動詞の原形」を「to不定詞」と言います。
動詞を名詞化することで、いろいろな動作を名詞に変身させて表す
ことができます。

| 動詞 | 名詞に変身！ | to不定詞（to＋動詞の原形） |

eat apples
（リンゴを食べる）　➡　to eat apples （リンゴを食べること）

sell apples
（リンゴを売る）　➡　to sell apples （リンゴを売ること）

POINT 2 「to＋動詞の原形」は名詞のかたまりとして、文の中で使える！
「to＋動詞の原形」は「名詞のかたまり」を作り、文を組み立てると
きに名詞と同様に使うことができます。

To sell apples is fun.　　リンゴを売ること は楽しい。
My plan is to sell apples .　私の計画は リンゴを売ること です。
I like to sell apples .　　私は リンゴを売ること が好きです。

さらに詳しく学ぼう

「動詞の原形」の直前にtoをつけると、名詞に変身する！

前回学んだ「動名詞」は、動詞をing形にするだけで、「〜すること」という名詞に変身できて、とても便利でした。eat apples every dayは「毎日リンゴを食べる」で、eating apples every dayにすると「毎日リンゴを食べること」のように「名詞のかたまり」に変身できますからね。

実はもう1つ、動詞を名詞に変身させる技があるんだよ。主語が「孤独な第三者」のときに動詞につけるsや、過去を表すときにつけるedのようなものをつけない「裸のままの動詞」のことを「動詞の原形」と言うんだ。この「動詞の原形」の直前にtoをつけるだけで、動詞を名詞に変身させることができるんだよ。文法用語では「to+動詞の原形」のことを「to不定詞」と呼んでいるよ。

動詞（〜する）	名詞に変身！	to+動詞の原形（〜すること）
eat apples	➔	to eat apples
sell apples	➔	to sell apples

「裸のままの動詞」にtoをつけるだけで名詞に変身するなんて、toのパワーってすごいんですね。

そうだね。動詞を名詞に変身させることで、表現の幅がぐんと広がるね。

リンゴ が欲しい。	➔	I want apples .
リンゴを食べること が欲しい（＝リンゴが食べたい）。	➔	I want to eat apples .
リンゴを売ること が欲しい（＝リンゴを売りたい）。	➔	I want to sell apples .

ホントですね！

あと、動詞eatがeat apples（リンゴを食べる）、eat apples with my family（家族といっしょにリンゴを食べる）、eat apples with my family every day（毎日、家族といっしょにリンゴを食べる）など、いろいろな情報を追加できるように、動詞を名詞化する「to＋動詞の原形」も同じことができるんだ。

to eat apples （リンゴを食べること）
to eat apples with my family （家族といっしょにリンゴを食べること）
to eat apples with my family every day （毎日、家族といっしょにリンゴを食べること）

POINT 2　「to＋動詞の原形」は名詞のかたまりとして、文の中で使える！

 英文を作るときにも普通の名詞と同じように使えるんですか？

そうなんだ。「名詞のかたまり」を、「何が＋どうする＋何を」の主語「何が」や、目的語「何を」のところで、普通の名詞と同じように使えるんだ。動名詞と同じように、文の主語になるときは「孤独な第三者」として扱うよ。

To sell apples is fun. (リンゴを売ることは楽しい)　←　「to＋動詞の原形」が主語
I like to sell apples . (リンゴを売ることが好きです)　←　「to＋動詞の原形」が目的語

「私は医者になりたい」は、英語の語順で「私は＋欲する＋医者になることを」と考えて、動詞wantを使えばいいと思うんだけど、「医者になること」はどう言えばいいんですか？

「～になることを欲する」、つまり「～になりたい」と言いたいときは、want to be～のようにbe動詞の原形beを使うといいよ。

私は 医者になること を欲する (＝私は医者になりたい)。
→ I want to be a doctor .

ところで、「動詞を名詞に変身させる技を持つ」という点では前回習った動名詞と今回の「to＋動詞の原形」はまったく同じだと思うのですが、どのように使い分ければいいんですか？

いまはあまり神経質にならずに、ほぼ同じものと考えておいていいよ。ただし、動詞のwant（欲する）やdecide（決める）の後ろは必ず「to＋動詞の原形」、動詞のenjoy（楽しむ）やfinish（終える）の後ろは必ず動名詞、というように、どちらか一方しか使わないという動詞もあるので、そういった動詞は徐々に覚えていこうね。

We like to watch basketball on TV . ←どちらもOK!
We like watching basketball on TV .
(私たちはテレビでバスケットを見るのが好きです)
We decided to watch basketball on TV . ← decided watchingとは言わない！
(私たちはテレビでバスケットを見ることに決めました)
We enjoyed watching basketball on TV . ← enjoyed to watchとは言わない！
(私たちはテレビでバスケットを見ることを楽しみました)

179

高速組み立てトレーニング

練習するときは、赤色シートをかぶせてやってみてね。

🏃 高速並べ替えトレーニング 🔊110

手順1 「Start!」の掛け声が聞こえたら、日本語の意味を表すように、(　　　)内の与えられた単語を5秒間で並べ替えて、英語で「名詞のかたまり」を作ってみよう。

手順2 合図の音が聞こえたら、並べ替えて作った英語を声に出して言ってみよう。

1　カナダで英語とフランス語を学ぶこと
(in, French, to, and, English, Canada, study)

🗨 並べ替えて言ってみよう！
→ to study English and French in Canada

2　朝にシャワーを浴びること
(the, a, to, in, take, morning, shower)

→ to take a shower in the morning

3　彼らの英語の歌を聞くこと
(English, to, listen, songs, to, their)

→ to listen to their English songs

4　スーパーで牛乳を買うこと
(the, milk, supermarket, buy, at, to)

→ to buy milk at the supermarket

5　将来、プロのダンサーになること
(in, dancer, be, the, professional, to, a, future)

→ to be a professional dancer in the future

🏃 高速ハンティング・トレーニング 🔊111

手順1 「Start!」の掛け声が聞こえたら、文中から「to+動詞の原形」を伴う名詞のかたまりを3秒間で探し出して言ってみよう。

手順2 ポーズの後で、正解の音声が流れるのでリピートしよう。

(日本語訳は246ページ)

例　I want to eat apples.

→ to eat apples

1　I want to climb Mount Fuji.

🗨 探し出して言ってみよう！
→ to climb Mount Fuji

2　My father's job is to help sick people.

→ to help sick people

3　Emma likes to learn about Japanese pop culture.

→ to learn about Japanese pop culture

4	My dream is to be a hairdresser.	➡ to be a hairdresser
5	Sam wants to buy a new Japanese dictionary.	➡ to buy a new Japanese dictionary
6	To play video games is a lot of fun.	➡ To play video games
7	My aunt decided to stop drinking coffee.	➡ to stop drinking coffee
8	I want to be a music teacher in the future.	➡ to be a music teacher in the future

🏃 高速構造解析トレーニング 🔊112

手順 次の英文はbe動詞が抜けた不完全な文になっています。[　]内のbe動詞を文中の適切な場所に5秒間で補い、文を完成させて言ってみよう。

（日本語訳は246ページ）

| 例 | My job to sell vegetables. [is] | ➡ My job is to sell vegetables. |

🗨 文を完成させて言ってみよう！

1	My dream to be a professional soccer player. [is]	➡ My dream is to be a professional soccer player.
2	To play table tennis a lot of fun. [is]	➡ To play table tennis is a lot of fun.
3	My wish to live in New Zealand. [is]	➡ My wish is to live in New Zealand.
4	To answer this question not very difficult. [is]	➡ To answer this question is not very difficult.
5	My uncle's job to help poor people. [was]	➡ My uncle's job was to help poor people.

🏃 高速レスポンス 🔊113

手順 聞こえてくる日本語の文を、瞬時に英語に言い換えよう。ポーズの後で解答例が流れます。

例 私の夢は英語の先生になることです。 → My dream is to be an English teacher.

🐟 英語で言ってみよう！

1 祖父母と一緒に富士山に登りたいです。 → I want to climb Mount Fuji with my grandparents.

2 私の希望はアメリカで英語を学ぶことです。 → My hope is to study English in the U.S.

3 私の娘の夢は声優になることでした。 → My daughter's dream was to be a voice actor.

4 ケンはモエの両親と一緒に住む決心をしました。 → Ken decided to live with Moe's parents.

5 再来年、留学したいのですか？ → Do you want to study abroad the year after next?

🏃 高速組み立てチャレンジ！の解答例

1. I want to be a singer.　　2. Tomomi decided to join the volleyball club.　　3. My mother's job is to teach Japanese to Australians.　　4. I like to grow vegetables.　　5. My dream is to be an actor.　　6. To keep a promise is very important.　　7. John wanted to go to Singapore with his friends.　　8. We decided to sell our old house.　　9. I want to read these Japanese comic books.　　10. My sister's dream is to be a nurse in the near future.

Lesson 26 受け身の現在形と過去形の文の作り方

「～されています」「～されました」という受け身の表現について学びます。「be動詞＋過去分詞」というやや複雑なテクニックが登場します。

  🏃 **高速組み立てチャレンジ！** 必ず制限時間内に！ 🔊114 ⏱60秒

次の日本語の文を瞬時に英文に直して言ってみよう。(解答例は189ページ)

例 この本は英語で書かれています。

→ This book is written in English.

1. その国ではフランス語が話されています。

2. そのプリンターは壊れていません。

3. この車は日本製です。

4. マイク (Mike) はそのパーティーに招待されていません。

5. その博物館は毎週水曜日は閉まっています。

6. ドイツ語はあなたの学校で教えられていましたか？

7. これらの靴はそのデパートで売られていました。

8. この写真は青森で撮られました。

9. 富士山は雪で覆われています。

10. その歌手は日本では知られていません。

「する」と「される」を区別せよ！

英語はカナダで 話されています 。
English is spoken in Canada.

POINT 1 「be動詞＋動詞の『される形』」で「〜されています」という受け身
の意味を表す！

文の主語の「誰が・何が」が、「〜されています」と表現するには、「be
動詞＋動詞の『される形（＝過去分詞形）』」を用いて表すことができ
ます。この表現を「受け身」と呼びます。

英語は カナダで 話されています 。

English is spoken in Canada.　現在のことなので、be動詞はis

東京タワーは 1958年に 建てられました 。

Tokyo Tower was built in 1958.　過去のことなので、be動詞はwas

POINT 2 受け身の疑問文・否定文の作り方は、これまで習ったbe動詞を使っ
た英文での作り方とまったく同じ！

受け身の疑問文を作る際には、be動詞自身を主語の前に移動させま
す。否定文では、be動詞の直後に否定を表すnotをつけます。

[疑問文] 英語はカナダで 話されていますか ？

Is English spoken in Canada?

[否定文] 英語はその地域では 話されていません 。

English is not spoken in that area.

POINT 3 「誰によって〜されています・されました」のように動作主をはっ
きりと示す場合は、by〜を使って表す！

『坊ちゃん』は、夏目漱石によって書かれました。

→ *Botchan* was written by Natsume Soseki.

さらに詳しく学ぼう

POINT 1 「be動詞＋動詞の『される形』」で「〜されています」という受け身の意味を表す！

 この間、カナダ人の友達に「英語はカナダで話されています」と言おうとして、English is speaking in Canada.って言ってみたら、すごく変な顔されたんですけど…。

 それだと「英語はカナダで話しているところです」という意味になってしまうね。「話す」「書く」「作る」という言い方に対する「話される」「書かれる」「作られる」というような言い方を「受け身」って呼ぶんだ。「〜されています」という受け身は「be動詞＋動詞の『される形』」で表すよ。「される形」は、文法用語では「過去分詞」と呼ばれているね。現在のことはbe動詞の現在形、過去のことはbe動詞の過去形を使って表すよ。

English　is　spoken　in Canada. (英語はカナダで話されています)

| be動詞isの現在形 | 動詞speakの「される形」 |

Tokyo Tower　was　built　in 1958. (東京タワーは1958年に建てられました)

| be動詞isの過去形 | 動詞buildの「される形」 |

 動詞の「される形」って、過去形みたいに、ひとつひとつ覚えないとダメですか？

 そう。受け身の文では必ず使うからね。覚える際は、「原形→過去形→される形（＝過去分詞形）」の3点セットで覚えるといいよ。規則動詞の「される形」は、過去形とまったく同じ形でedマークをつけるだけなので簡単だけど、不規則動詞は「原形→過去形→される形」の変化にいくつかパターンがあるよ。

	原形 →	過去形 →	される形
規則動詞 (原形にedマークをつけるだけで、過去形と「される形」が同じ)	visit use	visited used	visited used
ABB型 (不規則に変身するけれど、過去形と「される形」が同じ)	make build	made built	made built
ABC型 (過去形も「される形」も不規則に変身する)	give speak write see break know take	gave spoke wrote saw broke knew took	given spoken written seen broken known taken

受け身の疑問文・否定文の作り方は、これまで習ったbe動詞を使った英文での作り方とまったく同じ！

 「英語はカナダで話されていますか？」のような疑問文の場合は、be動詞自身をジャンプさせて主語の前に移動すればいいですか？

 そのとおり。これまで習ったbe動詞を使った英文とまったく同じ操作をすればいいよ。質問に答える場合もbe動詞を使えばいいんだ。wh疑問文や否定文の作り方もbe動詞を使った英文と同じだよ。

疑問文　English [is] [spoken] in Canada.
　　　　[Is] English　　　[spoken] in Canada?
　　　　　　Yes, it [is].
　　　　　　No, it [is] [not]. または No, it [isn't]. (is notの短縮形)

What [is] [spoken] in Canada? (カナダでは何が話されていますか？)
主語のwh語は「孤独な第三者」扱い

Where [is] English [spoken]? (英語はどこで話されていますか？)

否定文　English [is] [not] [spoken] in that area.

「誰によって～されています・されました」のように動作主をはっきりと示す場合は、by～を使って表す！

 ところで、「『坊ちゃん』は、夏目漱石によって書かれました」は、英語でどう言いますか？「『坊ちゃん』は書かれました」の部分は、be動詞の過去形を使うんだから、Botchan was writtenでいいと思うけど、「夏目漱石によって」の部分はどうするんでしょうか？

 「誰によって～されています・されました」のように、誰がその動作をしたのかを相手にはっきりと伝えたいときには、by～という表現を「される形」の後ろに置くよ。

Botchan [was] [written] by Natsume Soseki.
(『坊ちゃん』は夏目漱石によって書かれました)

The Mona Lisa [was] [painted] by Leonardo da Vinci.
(モナリザは、レオナルド・ダ・ヴィンチによって描かれました)

高速組み立てトレーニング

練習するときは、赤色シートをかぶせてやってみてね。

高速基礎トレーニング

手順1 日本語の意味を表すよう、英文の（　　）にbe動詞と動詞の「される形」を入れてみよう。

手順2 動詞の「される形」は下の _____ の中の一般動詞から選んで、「される形」に変身させてください。

| break | build | carry | close | give | invite | know | sell |
| speak | take | teach | use | write |

例 東京タワーは1958年に建てられました。
→ Tokyo Tower (was) (built) in 1958.

1 その雑誌はフランス語で書かれています。
→ The magazine (is) (written) in French.

2 中国語はあなたの学校で教えられていますか？
→ (Is) Chinese (taught) in your school?

3 その自転車は去年、使われませんでした。
→ The bike (was) not (used) last year.

4 これらの写真は札幌で撮られました。
→ These pictures (were) (taken) in Sapporo.

5 そのデパートは今日、閉まっていますか？
→ (Is) the department store (closed) today?

6 その俳優は台湾では知られていません。
→ The actor (is) not (known) in Taiwan.

7 彼らはその歓迎パーティーに招待されました。
→ They (were) (invited) to the welcome party.

8 この冷蔵庫は壊れていません。
→ This refrigerator (is) not (broken).

9 その机は息子の部屋に運ばれました。
→ The desk (was) (carried) to my son's room.

10 あの店ではスイカは売られていません。
→ Watermelons (are) not (sold) at the store.

11 そのメダルはあの少女に与えられました。
→ The medal (was) (given) to that girl.

12 その島ではスペイン語が話されていますか？
→ (Is) Spanish (spoken) on the island?

187

🏃 高速並べ替えトレーニング 🔊115

手順1 Start!の掛け声が聞こえたら、日本語の文の意味を表すように、(　　　)内の与えられた単語を5秒間で並べ替えて、英語で言ってみよう。文頭にくる単語の最初の文字も小文字で書かれています。

手順2 ポーズの後で、正解の音声が流れるのでリピートしよう。

1	このケーキはキャシーによって作られましたか？ (by, this, Cathy, was, made, cake)?	🔊 並べ替えて言ってみよう！ → Was this cake made by Cathy?
2	私たちの家は50年前に建てられました。 (house, years, was, our, fifty, built, ago).	→ Our house was built fifty years ago.
3	ブラジルでは何語が話されているのですか？ (Brazil, language, in, what, spoken, is)?	→ What language is spoken in Brazil?
4	この歌はトムの誕生パーティーで歌われました。 (party, this, was, birthday, at, song, sung, Tom's).	→ This song was sung at Tom's birthday party.
5	これらのコンピュータは今日の午前は使われませんでした。 (used, were, morning, computers, not, these, this).	→ These computers were not used this morning.
6	その黒いネコはどこで発見されたのですか？ (where, cat, black, found, was, the)?	→ Where was the black cat found?

188

🏃 高速レスポンス 🔊116

手順　聞こえてくる日本語の文を、瞬時に英語に言い換えよう。ポーズの後で解答例が流れます。

| 例 | この城は1600年に建てられましたか？ | → Was this castle built in 1600? |

🔊 英語で言ってみよう！

1　あのスーパーには魚は売っていません。 → Fish is not sold at that supermarket.
2　この公園には春に多くの人が訪れます。 → This park is visited by many people in spring.
3　その部屋は週末は使われていませんよね？ → That room is not used on weekends, is it?
4　何人の子どもがその病院に連れていかれましたか？ → How many children were taken to the hospital?
5　この歌は毎朝あなたの学校で歌われていますか？ → Is this song sung in your school every morning?

🏃 高速組み立てチャレンジ！ の解答例

1. French is spoken in that country.　2. The printer is not broken.　3. This car is made in Japan.　4. Mike is not invited to the party.　5. The museum is closed every Wednesday.　6. Was German taught at your school?　7. These shoes were sold at the department store.　8. This picture was taken in Aomori.　9. Mount Fuji is covered with snow.　10. The singer is not known in Japan.

Lesson 27 「名詞＋前置詞を伴う語句の まとまり」の使い方

「どんなイヌ？」と聞かれたら、日本語では「いすの上の茶色いイヌ」と説明しますが、英語は語順が全く違うことがよくあるので要注意。

🏃 高速組み立てチャレンジ！ 必ず制限時間内に！ 117

次の日本語の文を瞬時に英文に直して言ってみよう。(解答例は194ページ)

例 その箱の中のネコはとてもかわいい。

→ The cat in the box is very cute.

1. その木の下にいる男の子たちは騒がしい。
2. その壁に貼られている世界地図を見て。
3. 図書館にいるあの美しい女性は誰ですか？
4. 私たちは、赤い鈴をつけた1匹の白ネコを探しています。
5. 1月10日の大きなお祭りを楽しみました。
6. この昆虫の名前はとても長い。
7. これは長野の祖父母からの手紙です。
8. 箱の中のこれらの英語の雑誌を売りたいのです。
9. 青い目をしたその少年はジョンソン先生 (Mr. Johnson) の息子さんです。
10. テーブルの上の本は私のではありません。

Today's Mission ▷ 後ろから説明せよ！

公園にいる人々
people in the park

POINT 1 ▷ 日本語と違って、英語は名詞を後ろから説明することができる！in、on、withなどの前置詞を伴う語句のまとまりは、必ず名詞の後ろから説明をする！

日本語　説明する語句のまとまりは必ず名詞の前に置かれる。

大きな ネコ

いすの上の大きな ネコ

英　語　説明する語句のまとまりが名詞の後ろに置かれることが多い。

a big cat ◁ 形容詞だけのときはふつう名詞の前に置く

a big cat on the chair ◁ 前置詞を伴う語句のまとまりは必ず名詞の後ろに置く

POINT 2 ▷ 「名詞＋前置詞を伴う語句のまとまり」は、文の主語や目的語のように名詞が使われる文中のさまざまな位置で使うことができる！

The dog under the table is sick. (テーブルの下にいるイヌ は病気です)

I like the dog under the table . (私は テーブルの下にいるイヌ が好きです)

さらに詳しく学ぼう

POINT 1 日本語と違って、英語は名詞を後ろから説明することができる！ in、on、with などの前置詞を伴う語句のまとまりは、必ず名詞の後ろから説明をする！

 ヒロ君、「背の高い男性」や「人気のある女性」って英語で何て言うかわかる？

 簡単です。a tall man と a popular woman です。

 正解！　じゃあ、「背の高いハンサムな男性」と「人気のある若い女性」は？

 a tall handsome man と a popular young woman です。

 そうだね。「背の高い」(tall) とか「若い」(young) とか、名詞を説明する言葉は形容詞と呼ばれるね。形容詞はふつう日本語の場合も英語の場合も名詞の前に置いて、その名詞を説明するよ。じゃあ、「公園にいる人たち」は英語では？

 えーっと、in the park people かな？

 残念。「公園にいる人々」という日本語は、どんな「人たち」なのか、「人々」を説明するために「公園にいる」という言葉が前から説明しているよね。英語で in the park は「公園にいる」という意味だけど、in のような前置詞を伴う語句のまとまりは、日本語とちがって、必ず名詞の後ろに置くんだよ。

POINT 2　「名詞＋前置詞を伴う語句のまとまり」は、文の主語や目的語のように名詞が使われる文中のさまざまな位置で使うことができる！

ここで問題。The cat is on the chair. と the cat on the chair の違いは何かな？

The cat is on the chair. は「そのネコはいすの上にいます」という文になっていますね。the cat on the chair は、on the chair という前置詞 on を伴う語句のまとまりが後ろから the cat を説明していて「いすの上にいるそのネコ」という意味です。

そのとおり。the cat on the chair は「名詞＋前置詞を伴う語句のまとまり」だけど、これ全体で「いすの上のそのネコ」という大きな名詞のかたまりになっているんだね。この名詞のかたまりは当然、文の主語や目的語のように名詞が使われる文中のさまざまな位置で使うことができるんだ。

the cat on the chair
→ いすの上のそのネコ ＜ 単なる名詞のかたまりで、文ではない！

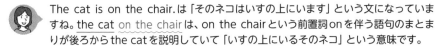

The cat on the chair is mine.
→ いすの上のそのネコ は私のネコです。＜ 文

Anna loves the cat on the chair .
→ アナは いすの上のそのネコ が大好きです。＜ 文

She played with the cat on the chair .
→ 彼女は いすの上のそのネコ といっしょに遊んだ。＜ 文

ネコを説明する言葉がいろいろくっつくと、名詞のかたまりが大きくなるので、それが文の中で使われると、かたまりがどこからどこまでかわかりづらくなりますね。

そうだね。次の英文から前置詞を伴う語句のまとまりをもつ「大きな名詞のかたまり」を探して、そのかたまりを四角で囲んでごらん。

The small black cat with a beautiful gold bell is sleeping on the sofa.

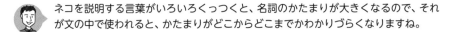

できました！「美しい金色の鈴をつけたその小さな黒ネコ がソファで眠っています」という文になっていますね。

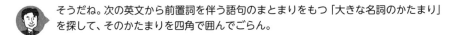

The small black cat with a beautiful gold bell is sleeping on the sofa.

練習するときは、赤色シートをかぶせてやってみてね。

高速並べ替えトレーニング 🔊 118

手順1 「Start!」の掛け声が聞こえたら、日本語の意味を表すように、(　　) 内の与えられた単語を5秒間で並べ替えて、英語で「名詞のかたまり」を作って言ってみよう。

手順2 ポーズの後で、正解の音声が流れるのでリピートしよう。

1　赤いネクタイをしているあの背の高い男性
　　(red, tall, a, that, man, tie, with)

🔊 並べ替えて言ってみよう！

→ that tall man with a red tie

2　あそこの大きな木の下にいる子供たち
　　(over, the, under, there, tree, children, big)

→ children under the big tree over there

3　アメリカ人の友だちからの手紙
　　(American, from, friend, an, letters)

→ letters from an American friend

4　手の中にコインを1枚持っている男の子たち
　　(boys, their, coin, with, hand, in, a)

→ boys with a coin in their hand

5　月曜日から金曜日までの野球の練習
　　(to, Monday, from, practice, Friday, baseball)

→ baseball practice from Monday to Friday

高速組み立てチャレンジ！の解答例

1. The boys under the tree are noisy.　　2. Look at the world map on the wall.　　3. Who is that beautiful woman in the library?　　4. We are looking for a white cat with a red bell.
5. I enjoyed the big festival on January 10.　　6. The name of this insect is very long.
7. This is a letter from my grandparents in Nagano.　　8. I want to sell these English magazines in the box.　　9. The boy with blue eyes is Mr. Johnson's son.　　10. The book on the table is not mine.

🏃 高速ハンティング・トレーニング 🔊 ⑲

手順 1　「Start!」の掛け声が聞こえたら、文中から「前置詞を伴う名詞のかたまり」を3秒間
　　　　で探し出して言ってみよう。

手順 2　ポーズの後で、正解の音声が流れるのでリピートしよう。

（日本語訳は246ページ）

例	Do you know the young man on the sofa?	→ the young man on the sofa

🗨 探し出して言ってみよう！

1	The girl with a pink hat is my sister.	→ The girl with a pink hat
2	Tell me the name of that blue building.	→ the name of that blue building
3	The dictionary on the notebook is mine.	→ The dictionary on the notebook
4	This is a birthday present for my girlfriend.	→ a birthday present for my girlfriend
5	I found some letters from my old friend.	→ some letters from my old friend
6	Who is that handsome man on the stage?	→ that handsome man on the stage
7	Look at the picture on the wall.	→ the picture on the wall
8	The boys from New Zealand can speak Japanese very well.	→ The boys from New Zealand

🏃 高速構造解析トレーニング 🔊 120

手順 次の英文はbe動詞が抜けた不完全な文になっています。[　]内のbe動詞を文中の適切な場所に5秒間で補い、文を完成させて言ってみよう。

(日本語訳は246ページ)

例　The cat with a bell sleeping. [is]　→　The cat with a bell is sleeping.

💬 文を完成させて言ってみよう！

1　That brown building near the post office a bookstore. [is]　→　That brown building near the post office is a bookstore.

2　The man with a black hat our new math teacher. [is]　→　The man with a black hat is our new math teacher.

3　That a present from my grandparents. [was]　→　That was a present from my grandparents.

4　The beautiful birds on the roof singing. [are]　→　The beautiful birds on the roof are singing.

5　Anna the woman with that big black dog. [is]　→　Anna is the woman with that black dog.

🏃 高速レスポンス 🔊 121

手順 聞こえてくる日本語の文を、瞬時に英語に言い換えよう。ポーズの後で解答例が流れます。

例　空の上のあのカラスを見て。　→　Look at those crows in the sky.

💬 英語で言ってみよう！

1　長い黒髪のあの女性が君のおばさんですか？　→　Is that woman with long black hair your aunt?

2　図書館の近くのあの黄色い建物はレストランです。　→　That yellow building near the library is a restaurant.

3　シドニーから来た大学生たちが私たちの町を訪れています。　→　The university students from Sydney are visiting our town.

4　横浜を訪問する目的は何ですか？　→　What is the purpose of your visit to Yokohama?

5　下から3行目の意味がわかりません。　→　I can't understand the meaning of the third line from the bottom.

動詞の ing 形や動詞の「される形」を伴う語句の使い方

「教室で英語を勉強している女性」や「日本で話されている言葉」のような言い方は、英語にすると日本語とは語順が違ってくるので要注意です。

🏃 **高速組み立てチャレンジ！** 必ず制限時間内に！

次の日本語の文を瞬時に英文に直して言ってみよう。(解答例は201ページ)

例 テッドと走っている女性はジュリアです。

→ The woman running with Ted is Julia.

1. あそこでサッカーをしている男の子は私のいとこです。

2. その病院に運ばれた患者は誰ですか？

3. あの川でとれたその魚を食べましたか？

4. 私はそのパソコンを使っている少女に話しかけました。

5. ドアの近くに立っている男性はナンシー (Nancy) のお兄さんです。

6. あの言語で書かれた手紙を読めますか？

7. 私はたくさんの生徒から愛される先生になりたいのです。

8. 電話で話をしているあの女性を知っていますか？

9. パーティーで歌われたその歌のタイトルは何ですか？

10. ベッドで寝ている赤ちゃんはナンシーに似ています。

動詞のing形や「される形」で
後ろから説明せよ！

公園で踊っている少年たち
the boys dancing in the park

POINT 1 「〜している（人、モノ）」と言いたいときは、動詞のing形を使って
名詞に説明を加えることができる！

ing形を伴う語句のまとまりは、名詞の後ろに置かれることが多い。
ただし、ing形が1語で名詞を説明する場合は、普通は日本語のよう
に名詞の前に置かれる。

踊っている女の子たち　the dancing girls ← ing形が単独で名詞を
説明する場合は、通常
名詞の前に置く

ステージで踊っている女の子たち　the girls dancing on the stage
後ろから名詞を
説明している

POINT 2 「〜された（人、モノ）」と言いたいときは、動詞の「される形」を使っ
て名詞に説明を加えることができる！

「される形」を伴う語句のまとまりは名詞の後ろに置かれることが多
い。ただし、「される形」が1語で名詞を説明する場合は、普通は日
本語のように名詞の前に置かれる。

壊された窓　the broken window ← 「される形」が単独で名詞を説明
する場合は、通常名詞の前に置く

トムに壊された窓　the window broken by Tom
後ろから名詞を
説明している

POINT 3 「名詞＋動詞のing形、名詞＋動詞の『される形』を伴う語句のまと
まり」はひとかたまりになって、文のさまざまな位置で使われる！

The girls dancing on the stage are my students.
We saw the window broken by Tom .

さらに詳しく学ぼう

POINT 1　「〜している（人、モノ）」と言いたいときは、動詞のing形を使って名詞に説明を加えることができる！

　「公園にいる少年たち」は英語で言えるかな？

　前回勉強しましたね。the boys in the park です。

　正解！　じゃあ、「公園で踊っている少年たち」は英語では？

　えっ？　「公園で踊っている」ですか？　うーん…

　「〜している（人、モノ）」と英語で言いたい場合、動詞のing形を使って名詞に説明を加えることができるんだよ。

　ing形って、Lesson 16では、「be動詞の現在形＋動詞のing形」で現在進行中の動作を表すときに使いました。「少年たちは公園で踊っているところです」は英語ではThe boys are dancing in the park. ですね。

　そのとおり。でも今回学ぶのは、同じ動詞のing形なんだけど、名詞を説明するときに活躍する使い方なんだ。「公園で踊っている少年たち」は英語でthe boys dancing in the park となるよ。日本語で「〜している（人、モノ）」と言う場合、説明する語句は必ず名詞の前に置かれるけど、英語の場合、ing形を伴う語句のまとまりは名詞の後ろに置かれることが多いんだよ。「名詞＋前置詞を伴う語句」と同様だね。ただし、ing形が1語で名詞を説明する場合は、普通は日本語のように名詞の前に置かれるよ。

the dancing boys　　　　　　踊っている少年たち
the boys dancing in the park　公園で踊っている少年たち

POINT 2　「〜された（人、モノ）」と言いたいときは、動詞の「される形」を使って名詞に説明を加えることができる！

　「〜された（人、モノ）」と言いたいときは、どう表現しますか？

199

いい質問だね。この場合は、受け身の学習（Lesson 26）で登場した動詞の「される形」を使って表せるんだ。ing形同様、1語で名詞を説明する場合は名詞の前に置かれるけど、「される形」を伴う語句のまとまりは名詞の後ろに置かれるんだ。

the broken window　　　　　壊された窓
the window broken by Tom　トムに壊された窓

後ろから名詞を説明する言い方なんて日本語にはないので要注意ですね。

POINT 3 「名詞＋動詞のing形、名詞＋動詞の『される形』を伴う語句のまとまり」はひとかたまりになって、文のさまざまな位置で使われる！

これまで紹介したthe boys dancing in the park（名詞＋動詞のing形を伴う語句のまとまり）、the window broken by Tom（名詞＋動詞の「される形」を伴う語句のまとまり）は、すべて「公園で踊っている少年たち」、「トムに壊された窓」のように、全体で大きな名詞のかたまりになっているよね。この名詞のかたまりは、文の主語や目的語のように名詞が使われる文中のさまざまな場所で使うことができるんだ。

the boys dancing in the park ＜名詞のかたまりで、文ではない！
（公園で踊っている少年たち）

The boys dancing in the park are noisy.＜文
（公園で踊っている少年たちは騒がしい）

Do you know the boys dancing in the park?＜文
（公園で踊っている少年たちを知っていますか？）

the window broken by Tom ＜名詞のかたまりで、文ではない！
（トムに壊された窓）

The window broken by Tom was expensive.＜文
（トムに壊された窓は高価でした）

We saw the window broken by Tom.＜文
（私たちはトムに壊された窓を見ました）

200

高速組み立てトレーニング

練習するときは、赤色シートをかぶせてやってみてね。

高速並べ替えトレーニング 🔊123

手順1 「Start!」の掛け声が聞こえたら、日本語の意味を表すように、（　　　）内の与えられた単語を5秒間で並べ替えて、英語で「名詞のかたまり」を作って言ってみよう。

手順2 ポーズの後で、正解の音声が流れるのでリピートしよう。

1 約200年前に建てられたお寺
(built, ago, 200, a, years, temple, about)
🔊 並べ替えて言ってみよう！
→ a temple built about 200 years ago

2 テレビでその英語番組を見ている生徒たち
(program, watching, TV, the students, on, English, the)
→ the students watching the English program on TV

3 オーストラリアで制作されたドラマ
(Australia, produced, drama, a, in)
→ a drama produced in Australia

4 彼女の父によって書かれたあの小説
(that, by, written, father, novel, her)
→ that novel written by her father

5 そのベンチでコーヒーを飲んでいる男性
(the, coffee, a, bench, man, on, drinking)
→ a man drinking coffee on the bench

高速組み立てチャレンジ！の解答例

1. The boy playing soccer over there is my cousin.　2. Who is the patient taken to the hospital?　3. Did you eat the fish caught in that river?　4. I talked to the girl using that computer.　5. The man standing by the door is Nancy's brother.　6. Can you read the letter written in that language?　7. I want to be a teacher loved by many students.　8. Do you know that woman talking on the phone?　9. What is the title of the song sung at the party?　10. The baby sleeping on the bed looks like Nancy.

🏃 高速ハンティング・トレーニング 🔊124

手順① 「Start!」の掛け声が聞こえたら、文中から「名詞＋動詞のing形」あるいは「名詞＋動詞の『される形』」からなる<u>名詞のかたまり</u>を3秒間で探し出して言ってみよう。
手順② ポーズの後で、正解の音声が流れるのでリピートしよう。

例	Do you know the man sleeping on the sofa?	→ the man sleeping on the sofa

🐦 探し出して言ってみよう！

1	What is the language spoken in Mexico?	→ the language spoken in Mexico
2	The children visiting our school are from India.	→ The children visiting our school
3	Is this the magazine read by many nurses?	→ the magazine read by many nurses
4	We ate the pineapples sold at the supermarket.	→ the pineapples sold at the supermarket
5	Look at the monkey eating a banana over there.	→ the monkey eating a banana over there
6	I bought many vegetables grown in Hokkaido.	→ many vegetables grown in Hokkaido
7	Who is the man reading a book under the tree?	→ the man reading a book under the tree
8	These cakes made by Miwako are so good.	→ These cakes made by Miwako

🏃 高速構造解析トレーニング 🔊 125

手順　次の英文は動詞が抜けた不完全な文になっています。名詞のかたまりを意識しながら、[　]内の動詞を文中の適切な場所に5秒間で補い、文を完成させて言ってみよう。

(日本語訳は247ページ)

例　Who the car made in Korea?　→ Who <u>bought</u> the car made in Korea?
　　[bought]

🗨 文を完成させて言ってみよう！

1　The picture painted by that artist expensive. [is]　→ The picture painted by that artist <u>is</u> expensive.

2　What did the man driving that red car? [say]　→ What did the man driving that red car <u>say</u>?

3　This the English dictionary published last month? [is]　→ <u>Is</u> this the English dictionary published last month?

4　Nao a letter written in Chinese last week. [got]　→ Nao <u>got</u> a letter written in Chinese last week.

5　How old the man playing the guitar with your son? [is]　→ How old <u>is</u> the man playing the guitar with your son?

🏃 高速レスポンス 🔊 126

手順　聞こえてくる日本語の文を、瞬時に英語に言い換えよう。ポーズの後で解答例が流れます。

例　木をよじ登っているあのコアラを見て。→ Look at that koala climbing the tree.

🗨 英語で言ってみよう！

1　その村に住んでいる人々は私たちにとても親切でした。→ The people living in the village were very kind to us.

2　私は昨日、ドイツ製の車を買いました。→ I bought a car made in Germany yesterday.

3　息子さんが壊したコップは、おいくらでしたか？→ How much was the glass broken by your son?

4　電車で音楽を聴いているその女性は見覚えがあります。→ The woman listening to music on the train looks familiar.

5　ステージでピアノを弾いている女の子と友達になりたいです。→ I want to be friends with the girl playing the piano on the stage.

Lesson 29 「to ＋動詞の原形」の 副詞としての使い方

「to ＋動詞の原形」は、動詞が名詞に変身するだけでなく、「理由」や「目的」など他にもいろいろ便利に使えます。

 高速組み立てチャレンジ！ 必ず制限時間内に！ 127・ (60秒)

次の日本語の文を瞬時に英文に直して言ってみよう。(解答例は210ページ)

例 英語を勉強するためにフィリピンに行きました。

→ I went to the Philippines to study English.

1. 妹は医者になるために一生懸命勉強しました。
2. そのテニスの試合を観戦してわくわくしました。
3. 牛乳を買うためにスーパーに行きました。
4. その知らせを聞いて、びっくりしました。
5. テレビを見るために早めに帰宅するつもりです。
6. いとこに会うために岐阜に行きました。
7. 翻訳家になるために英語を勉強しています。
8. あなたにまた会えてうれしいです。
9. 夜遅くに電話して申し訳ありません。
10. ミオは英字新聞を読むために図書館に行きました。

Today's Mission ▷ 「toと動詞」で理由を語れ！

友達に会うために京都を訪れました。
I visited Kyoto to see my friends.

POINT 1 「to+動詞の原形」は「〜するために」という意味を表す！

「誰が・何が＋どうする」の英文中の「どうする」（動詞）に対して、「〜するために」とその動作の目的を伝えるのに「to+動詞の原形」を用いることができます。

Anna | visited | Kyoto | to see old temples.

誰が　　どうする　　　　　　〜するために

アナは　　訪れた　　　　　　古いお寺を見るために

「to＋動詞の原形」は、理由をたずねるwhyを使った疑問文（なぜ〜するのか？）に対する応答の際にも用いることができます。

Why did you visit Kyoto?　➡　To see old temples.
（あなたはどうして京都を訪れたの？）　　（古いお寺を見るためだよ）

POINT 2 「to＋動詞の原形」は喜怒哀楽などの感情を表す英文で用い、「〜して」というその感情の原因を表す！

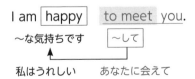

I am | happy | to meet you.

〜な気持ちです　〜して

私はうれしい　　あなたに会えて

さらに詳しく学ぼう

POINT 1 「to ＋動詞の原形」は「〜するために」という意味を表す！

この間、サキの友達のアナが京都を訪れたそうだけど、そもそもアナはどうして京都に行ったの？

彼女は古いお寺めぐりが趣味なの。

なるほど。そういえば、先生、「アナは古いお寺を見るために京都を訪れた」って僕でも英語で言えますか？

もちろん言えるよ。いつものようにまずは「誰が＋どうする」という文の主語と動詞を考えてごらん。

主語は「アナは」で、動詞は「訪れた」ですね。「アナは＋訪れた＋京都を」って考えて、Anna visited Kyoto.ですね。

すばらしい。「古いお寺を見るために」の部分は、アナが京都を訪れたという動作の目的を表しているよね。英語では「〜するために」という動作の目的を表すには「to ＋動詞の原形」を使うことができるよ。「アナは古いお寺を見るために京都を訪れた」は次のように言えるよ。

  Anna visited Kyoto to see old temples.
  アナは 訪れた   古いお寺を見るために

確か、この目的を表す「to ＋動詞の原形」は、理由をたずねるときに使うwh語のwhyを使った疑問文に対する答えとして使うことがありますよね。こんな風に。

 John: Why did you visit Kyoto? (なぜ、京都を訪れたの？)
 Anna: To see old temples. (古いお寺を見るためよ)

そのとおり！ アナの答えでは、I visited Kyoto to see old temples.の前半が省略されているんだね。

「to ＋動詞の原形」は、I want to eat apples.のように「〜すること」という名詞のかたまりとして使っていたけど (Lesson 25)、今回のように「〜するために」という意味でも使えるんですね。

「to ＋動詞の原形」は喜怒哀楽などの感情を表す英文で用い、「〜して」
というその感情の原因を表す！

 「to ＋動詞の原形」は喜怒哀楽などの感情を表す英文でもよく使うよ。

I'm happy to meet you. (お会いできてうれしいです)
I was sad to see the broken cup. (その壊れたカップを見て、悲しかったです)
I was surprised to hear the news. (その知らせを聞いて、驚きました)

 「〜して→うれしい・悲しい・驚く」のようにそれぞれの感情の原因を表していますね。

 そのとおり。じゃあ、「遅刻してごめんなさい」は英語で何て言うかな？

 「ごめんなさい」はI'm sorry.だから、それに原因を表す「遅刻して」を付け加えれば
いいんですよね。「遅刻して」って英語で何て言えばいいのかな？

 I'm late.で「遅れている」とか「遅刻している」という意味だから、動詞はbe動詞で
すね。そうすると「遅刻して」はto be lateですか？

I'm sorry to be late. (遅刻してごめんなさい)

 大正解！ さて、今回学んだ「to ＋動詞の原形」を使う場合の注意点を教えるね。英文
の骨組みである「誰が・何が＋どうする」の「どうする（動詞）」は、現在のことを伝え
るときは現在形、過去のことを伝えるときは過去形のように姿を変身させることはも
う学んだよね。でも、「to ＋動詞の原形」の動詞の部分は、「原形」なんだから、絶対に
姿を変身させちゃダメだよ。気をつけてね。

I visit Yamanashi to climb Mount Fuji every year.
（富士山に登るために毎年山梨を訪れます）

I visited Yamanashi to climb Mount Fuji last year.
（富士山に登るために昨年山梨を訪れました）

 to climbed Mount Fujiとしては絶対にダメ！

207

高速組み立てトレーニング

練習するときは、赤色シートをかぶせてやってみてね。

高速穴埋めトレーニング 128

手順1 日本語の文の音声と同じ意味になるよう、5秒間で（　　）に適切な英語を入れよう。
手順2 合図の音が聞こえたら、英文をまるごと声に出して言ってみよう。
手順3 ポーズの後で、正解の音声が流れるのでリピートしよう。

例	私たちは日本語を学ぶために日本に来ました。	→ We came to Japan (to) (study) Japanese.

🗨 適切な英語を入れて言ってみよう！

1	パーティーに参加するために早めに家を出ました。	→ I left home early (to) (join) the party.
2	兄は医者になるために一生懸命勉強しました。	→ My brother studied hard (to) (be/become) a doctor.
3	私の古い家を見て、驚くでしょう。	→ You'll be surprised (to) (see) my old house.
4	スペイン語を学ぶためにメキシコに行きたい。	→ I want to go to Mexico (to) (learn/study) Spanish.
5	その知らせを聞いて、悲しかったです。	→ I was sad (to) (hear) the news.
6	エミリーは英会話学校で働くために日本に行きました。	→ Emily went to Japan (to) (work) at an English conversation school.
7	彼らは祖父母に会うために北海道に行きました。	→ They went to Hokkaido (to) (see) their grandparents.
8	あなたの家族とゴルフをして、うれしかったです。	→ I was happy (to) (play) golf with your family.

208

高速並べ替えトレーニング 📢 129

手順1 「Start!」の掛け声が聞こえたら、日本語の意味を表すように、（　　　）内の与えられた単語を5秒間で並べ替えて、頭の中で英文を作ってみよう。文頭にくる単語の最初の文字も小文字で書かれています。

手順2 合図の音が聞こえたら、並べ替えて作った英文を声に出して言ってみよう。

1 私のいとこは歯医者になるために一生懸命勉強するでしょう。
(to, study, a, my, dentist, hard, cousin, be, will)

🔊 並べ替えて言ってみよう！
→ My cousin will study hard to be a dentist.

2 私たちはその歌手と話をして、わくわくしました。
(talk, we, singer, excited, to, were, with, the)
→ We were excited to talk with the singer.

3 家族に朝食を作るために早起きをしました。
(to, for, breakfast, early, family, up, I, cook, got, my)
→ I got up early to cook breakfast for my family.

4 夕飯を食べるためにレストランに行きました。
(I, dinner, to, a, have, restaurant, to, went)
→ I went to a restaurant to have dinner.

5 巣鴨に行くために山の手線に乗りました。
(to, to, go, Sugamo, I, Yamanote Line, the, took)
→ I took the Yamanote Line to go to Sugamo.

6 ビールを買うためにコンビニを探しているところです。
(some, convenience store, I'm, beer, for, buy, looking, a, to)
→ I'm looking for a convenience store to buy some beer.

7 ベッキーは息子が昇進されると聞いてうれしかったです。
(hear, son, be, Becky, her, promoted, was, will, happy, that, to)
→ Becky was happy to hear that her son will be promoted.

8 切手を何枚か買うために郵便局に行きました。
(to, I, to, some, buy, the, post office, went, stamps)
→ I went to the post office to buy some stamps.

🏃 高速レスポンス 🔊130

手順 聞こえてくる日本語の文を、瞬時に英語に言い換えよう。ポーズの後で解答例が流れます。

| 例 | 君に会うためにここに来ました。 | ➔ I came here to see you. |

🔊 英語で言ってみよう！

1 父の骨折した腕を見て、ショックでした。 ➔ I was shocked to see my father's broken arm.

2 羽田空港行きのバスに乗るために早起きしました。 ➔ I got up early to get the bus for Haneda Airport.

3 彼は弁護士になるためにその大学に入学したかったのです。 ➔ He wanted to enter the university to become a lawyer.

4 お待たせしてすみません。 ➔ I am sorry to keep you waiting.

5 家を買うために我々はお金をたくさん貯めなくてはなりません。 ➔ We have to save a lot of money to buy a house.

🏃 高速組み立てチャレンジ！ の解答例

1. My sister studied hard to be a doctor.   2. I was excited to watch the tennis match.
3. I went to the supermarket to buy milk.   4. I was surprised to hear the news.
5. I'm going to go home early to watch TV.   6. I went to Gifu to see my cousin.
7. I study English to be a translator.   8. I am glad to see you again.   9. I'm sorry to call you late at night.   10. Mio went to the library to read English newspapers.

Lesson 30

接続詞 because と when の使い方

「昼ごはんを食べなかったのでお腹がすいています」はbecauseを使って言えますが、原因と結果の語順は日本語とは違うので注意が必要です。

I didn't have lunch because I'm hungry.

🏃 **高速組み立てチャレンジ！** 必ず制限時間内に！ 131 ⏱60秒

次の日本語の文を瞬時に英文に直して言ってみよう。(解答例は217ページ)

例 青森に住んでいたときに、スケートを始めました。

→ When I lived in Aomori, I started skating.

1. 京都を訪れたとき、たくさんのお寺を見ました。

2. 風邪をひいていたので、家にいました。

3. リサ (Lisa) は疲れていたので、早めに寝ました。

4. 沖縄に到着したとき、雨が降っていました。

5. 若いころは歴史に興味がありませんでした。

6. トム (Tom) は朝ごはんを食べなかったので、とてもお腹がすいています。

7. その知らせを耳にしたとき、本当にびっくりしました。

8. 彼女がいつも遅刻するので、私は怒っています。

9. 通天閣が見たかったので、大阪に行きました。

10. 日本語を勉強されるときには、お手伝いしますよ。

駅まで走った<u>ので</u>、疲れています。
I am tired because I ran to the station.

POINT 1 ▷ 「〜なので」という理由を述べるのに英語では because を使う！

「文 なので 文」のように、文 と 文 をくっつけて原因・理由と結果を表す１つの文を作るには接続詞 because を用います。それぞれの文 には「誰が＋どうする」や「誰イコール何」のように主語と動詞が必要です。

I am tired　because　I　ran　to the station.
文（結果）←　　　　　　文（原因・理由）

私は疲れています　　　私は駅まで走った ので

※ because 以下は文の後半に置くのが基本の語順です。日本語と反対なので注意。

POINT 2 ▷ 「なぜ〜か？」という原因・理由をたずねるには why という wh 語を使う！

why を使った疑問文に対し、「なぜなら〜」と答えるときには「Because ＋文」がよく使われます。

Why are you tired? → Because I ran to the station.
どうして疲れているの？　　　なぜなら駅まで走ったので。

POINT 3 ▷ 「〜のときに」という「時」を表すのに、英語では when を使う！

「文 のときに、文」のように、文 と 文 をくっつけて時を表す１つの文を作るには接続詞 when を用います。それぞれの文 には「誰が＋どうする」や「誰イコール何」のように主語と動詞が必要です。

When I visit Harajuku, I usually go to Takeshita Street.
文（「誰が＋どうする」ときに）→　文（誰が＋どうする）

私が原宿を訪れる ときに　　　私はたいてい竹下通りに行きます

さらに詳しく学ぼう

POINT 1 「～なので」という理由を述べるのに英語では because を使う！

このあいだ、寝坊して猛ダッシュで駅まで走ったので、その日はずっとクタクタだったんです。知り合いの外国人がそんな僕を見て、心配そうな顔をしていたんで、「駅まで走ったので、疲れています」って英語で伝えたかったのだけど、あまりに疲れていて英語が出てきませんでした。

ヒロは疲れてなくても言えないでしょ（笑）。「駅まで走った」、「疲れています」は、日本語で省略されている主語「私は」をあぶりだして（Lesson 2 参照）、「走った」は一般動詞 run の過去形、「疲れています」は、「イコール動詞」の be 動詞を使いますよね。

　　　　☐ ran to the station.
　　　　☐ am tired.

この2つの文を並べただけでも、なんとか言いたいことは伝わるかもしれないけど、まだ2つの文の関係性がいまひとつはっきりしていないね。言いたいことは I ran to the station. が原因・理由で、その結果、I am tired. という状態になっているということだね。この「原因・理由⇒結果」をはっきりと表して、1つの文で伝えられるといいね。

文と文をつないで「～なので…」という原因・理由を表す接続詞 because を使うといいのかな。

I am tired　because　I ran to the station.
文（結果）←　　　　　文（原因・理由）

すばらしい。because の後ろに「誰が＋どうする」のような「主語＋動詞」を置くことで、「誰が～するので」という原因・理由を表すことができて、結果を表す文とくっつけて1つの大きな文になるんだ。

Because I ran to the station, I am tired. とも言えますか？

文法的には間違いじゃないんだけど、because～は文の後半に置くのが基本なんだ。「～なので」と理由の表現を先に置いてその後ろで結果を言う日本語とは、語順が反対だね。

213

POINT 2 「なぜ〜か?」という原因・理由をたずねるにはwhyというwh語を使う!

何が原因・理由なのかを相手にたずねたいときは、どう言えばいいですか?

たとえばHiro is tired because he ran to the station.という文では下線部分が原因・理由になっているけど、この情報が欲しい場合だね。「なぜ〜?」、「どうして〜?」と相手に原因・理由をたずねるにはwh語のwhyを使うといいよ。be動詞や一般動詞を含む英文のwh疑問文の作り方は前に勉強したね (Lesson 11参照)。

Hiro is tired because he ran to the station .
Hiro is tired なぜ .
Why Hiro is tired ←ステップ1:wh語を文頭に置く
Why is Hiro tired? ←ステップ2:be動詞自身を主語の前に置く! 完成!

Why〜?の疑問文に対して、「なぜなら〜」って答えるには「Because +文」で言えるよ。Hiro is tired because he ran to the station.の前半部分が省略されているんだ。

Why is Hiro tired? ➔ Because he ran to the station.

POINT 3 「〜のときに」という「時」を表すのに、英語ではwhenを使う!

私は原宿が大好きでよく行くんですが、「原宿を訪れるときには、私はたいてい竹下通りに行きます」は英語では何て言うんですか?

「誰が〜するときに」とか「誰が〜であるときに」と言うときには、接続詞whenを使うよ。接続詞because同様、接続詞whenの後ろには「主語+動詞」の文の形が必要だよ。「when +主語+動詞」は文の前半にも、文の後半にも置くことができるんだ。

When I visit Harajuku, I usually go to Takeshita Street.
文 (「誰が+どうする」ときに) ➔ 文 (誰が+どうする)
原宿を訪れるときには、 私はたいてい竹下通りに行きます。

I usually go to Takeshita Street when I visit Harajuku.

「when +主語+動詞」は文の前半にも、文の後半にも置くことができる!

───一言メモ───

Hiro is tired because he ran to the station. は 1 つの文です。この文の中で使われている Hiro is tired や he ran to the station は、「文の中にある主語と動詞を含む単語のまとまり」になっていて、厳密な文法用語では「節 (せつ)」と呼ばれます。ただ、この本では難しい文法用語は使わずに、単純に「文」と言っています。

214

高速組み立てトレーニング

練習するときは、赤色シートをかぶせてやってみてね。

高速連結トレーニング 132

手順 1　「Start!」の掛け声が聞こえたら、左側の表現と右側の表現を意味が通るように連結して文を作り、声に出して言ってみよう。

手順 2　ポーズの後で、正解の音声が流れるのでリピートしよう。

(日本語訳は247ページ)

【Part 1】　　　　　　　🗣 言ってみよう！

1　I can't buy the car　　　　　·　　·　because I wanted to see Lake Biwa.

2　I went to Shiga　　　　　　·　　·　because it is too expensive.

3　His nickname is Sakaken　·　　·　because she likes Japanese manga.

4　Adam likes winter　　　　·　　·　because our friend lives in Madrid.

5　We'll visit Spain　　　　　·　　·　because he enjoys skiing.

6　Kate is interested in Japan ·　·　because his name is Sakai Kenta.

【Part 2】 133　　　　　　　🗣 言ってみよう！

1　My sister was watching TV　·　·　when he was 10 years old.

2　Say, "I'm here,"　　　　　·　　·　when I called her.

3　I saw the *Nebuta* Festival　·　·　when I am sleepy.

4　Luke will be happy　　　　·　　·　when your name is called.

5　Ken broke his leg　　　　·　　·　when I went to Aomori last summer.

6　I never drive a car　　　　·　　·　when he hears this great news.

🏃 高速並べ替えトレーニング 🔊134

手順1 「Start!」の掛け声が聞こえたら、日本語の意味を表すように、(　　　) 内の与えられた単語を5秒間で並べ替えて、頭の中で英文を作ってみよう。

手順2 合図の音が聞こえたら、並べ替えて作った英文を声に出して言ってみよう。

1 その雑誌を読み終えたら、メグにあげてください。
When (Meg, you, the magazine, it, reading, give, finish, to).

🔊 並べ替えて言ってみよう！
→ When you finish reading the magazine, give it to Meg.

2 姫路城が見たかったので、兵庫に行きました。
I went (see, Hyogo, I, to, to, Himeji Castle, because, wanted).

→ I went to Hyogo because I wanted to see Himeji Castle.

3 緊張しているので英語が話せません。
I (I'm, English, because, can't, nervous, speak).

→ I can't speak English because I'm nervous.

4 私の家族は、私が15歳のときに岡山に引っ越しました。
My family (was, old, to, moved, I, when, years, Okayama, fifteen).

→ My family moved to Okayama when I was fifteen years old.

5 私の助けが必要なときはとにかく電話をしてください。
Just (my, me, when, call, help, need, you).

→ Just call me when you need my help.

6 どしゃ降りなので、家にいたほうがいいですよ。
You (raining, because, at, is, hard, should, home, stay, it).

→ You should stay at home because it is raining hard.

7 ナンシーはお腹が痛かったので、薬を飲みました。
Nancy (a stomachache, took, had, because, the medicine, she).

→ Nancy took the medicine because she had a stomachache.

8 ひまなときには、ぜひ我が家へ来てください。
Please (are, my, you, to, house, free, come, when).

→ Please come to my house when you are free.

216

🏃 高速レスポンス 🔊135

手順　聞こえてくる日本語の文を、瞬時に英語に言い換えよう。ポーズの後で解答例が流れます。

例　若いころはトマトが好きではありませんでした。　→ When I was young, I didn't like tomatoes.

- -

🗣 英語で言ってみよう！

1　奈々子は毎朝、髪を洗うので、早起きします。　→ Nanako gets up early because she washes her hair every morning.

2　ナオミは緊張すると、英語をとても早口でしゃべります。　→ Naomi speaks English very fast when she is nervous.

3　ボールを投げるときには右腕を使いますか？　→ Do you use your right arm when you throw a ball?

4　君の英語は完璧なので、アメリカに住めますよ。　→ You can live in the U.S. because your English is perfect.

5　誰にでも親切なので、工藤さん (Ms. Kudo)はとても人気があります。　→ Ms. Kudo is very popular because she is kind to everyone.

🏹 高速組み立てチャレンジ！ の解答例

1. When I visited Kyoto, I saw many temples.　　2. I stayed at home because I had a cold.
3. Lisa went to bed early because she was tired.　　4. When we arrived in Okinawa, it was raining.　　5. When I was young, I was not interested in history.　　6. Tom is very hungry because he didn't eat breakfast.　　7. When I heard the news, I was really surprised.
8. I am angry because she is always late.　　9. I went to Osaka because I wanted to see Tsutenkaku.　　10. When you study Japanese, I'll help you.

Lesson 31 現在完了形の作り方と使い方

「ちょうど到着したところです」「名古屋に住んでいたことがあります」
などと言いたいときには、「have ＋動詞の『される形』」を使います。

 高速組み立てチャレンジ！ 必ず制限時間内に！ 136 60秒

次の日本語の文を瞬時に英文に直して言ってみよう。(解答例は224ページ)

例 その小説を以前読んだことがあります。

→ I have read that novel before.

1. 美和子のことは10年以上知っています。

2. 私たちはちょうどプレゼンを終えました。

3. シンガポールは一度訪れたことがあります。

4. 両親は2005年からずっと中国語を勉強し続けています。

5. ちょうどニューヨークに到着しました。

6. 叔母は20年間ずっと名古屋に住んでいます。

7. 先週からずっと寒いです。

8. 私は以前、東京の郊外に住んでいたことがあります。

9. タカシは長いこと、翻訳家をしています。

10. 兄はちょうど洗車を終えたところです。

Today's Mission ▶ 「have＋される形」で
現在までに起こった動作を語れ！

両親は埼玉を２回 訪れました 。
My parents have visited
Saitama twice.

POINT 1 ▶ 「have＋動詞の『される形』」で「（もう）〜しました、（ちょうど）〜
したところです」と、過去のある時点で始まった動作が、いまの時点
で完了したことを伝える！
「have＋動詞の『される形』」は現在の状況を伝える表現で、「現在完
了形」と言い、ある動作が現在までに完了したことを表します。
I have just arrived here. （私はたったいまここに 到着しました ）

POINT 2 ▶ 「have＋動詞の『される形』」で「（今までに）〜したことがあります」
と、現在までの経験について伝える！
My parents have visited Saitama twice.
（両親は埼玉を２回 訪れました ）

POINT 3 ▶ 「have＋動詞の『される形』」で「（今までずっと）〜しています」と、
現在までの状態の継続について伝える！
現在までの状態の継続を表すときは、since（＜過去のある時点＞か
らずっと）やfor（〜の期間にわたって）とよく用いられます。
My parents have lived in Aomori for 30 years.
（両親は30年間ずっと青森に 住んでいます ）

POINT 4 ▶ 「have been＋動詞のing形」で「（今までずっと）〜し続けていま
す」と、現在までの動作の継続について伝える！
「have been＋動詞のing形」を「現在完了進行形」と言います。現
在に至るまでの継続する動作を表します。
My parents have been growing apples since 1984.
（両親は1984年以来ずっと、リンゴを 育て続けています ）

さらに詳しく学ぼう

POINT 1 「have +動詞の『される形』」で「(もう)～しました、(ちょうど)～ したところです」と、過去のある時点で始まった動作が、いまの時点 で完了したことを伝える!

 すみませーん!

 ヒロ! 私たち、あなたをずーっと待ってたのよ。今までどこにいたの?

 どこにって? たったいまここに着いたばかりだよ。電車に乗り遅れちゃって。

 罰として、ヒロ君に問題を出そう。「私はたったいまここに到着しました」って英語で 何と言うかな?

 「到着する」は動詞 arrive を使えばいいから、I just arrived here. かな。

 残念! 正解はI have just arrived here. だよ。

 先生、have は一般動詞だから、別の一般動詞の arrived とは共演NGじゃないんです か?

 このhave は一般動詞じゃなくて「お助けマンhave」だよ。「お助けマンhave」は以前 学んだ「動詞の『される形』」とセットで用いて、さまざまな現在の状況を伝えること ができるんだ。「have +動詞の『される形』」は文法用語で現在完了形と呼ばれているよ。

 さまざまな現在の状況って、例えばどんなことですか?

 その1つが、過去のある時点で始まった動作が今の時点で完了したという状況だよ。さっ きのヒロ君の状況だけど、今朝家を出て、私のところに向かっていたんだけど、たった いま到着完了!ってことだね。これをI just arrived here. と過去形で表現してしま うと、過去形 arrived の表す状況は現在から時間的に距離を置いた過去の出来事とし て伝わるので、「たったいま着いた!」という現在の状況を伝えることができないんだ。 例えば、先週末から宿題をやり始めて、ようやく「今やり終えた!」なんて状況はどう 表現する?

「宿題を終える」はfinish my homeworkで、「have＋動詞の『される形』」で表すので、I have just finished my homework.ですね。

POINT 2 「have＋動詞の『される形』」で「(今までに) ～したことがあります」と、現在までの経験について伝える!

「have＋動詞の『される形』」は、現在までの経験を表すときも使えるよ。例えば、My parents have visited Saitama twice.と言えば、「両親は今まで埼玉を2回訪れたことがあります」という現時点での自分の両親の経験について表現できるよ。once (1回)、twice (2回)、three times (3回) などの経験回数や、before (以前に)、ever (これまでに)、never (これまでに一度も～ない) といった経験の有無を表す語句といっしょに用いられることが多いよ。

POINT 3 「have＋動詞の『される形』」で「(今までずっと) ～しています」と、現在までの状態の継続について伝える!

「have＋動詞の『される形』」は、現在までの状態の継続を表すときにも使われる。例えば、My parents have lived in Aomori for 30 years.の意味は?

「両親は30年間ずーっと青森に住んでいます」ってことですね。

そのとおり。ポイントは「今も」青森に住んでいるってことだよ。継続を表す現在完了形の文では、since (＜過去のある時点＞からずっと) やfor (～の期間にわたって) とよくいっしょに用いられるよ。
　　I have known Nancy since last year.
　　(私は、去年からずっとナンシーのことを知っています)

POINT 4 「have been＋動詞のing形」で「(今までずっと) ～し続けています」と、現在までの動作の継続について伝える!

今日はついでに「have been＋動詞のing形」すなわち「現在完了進行形」も紹介しておこう。現在完了形は主に「状態」の継続を表すのに対し、現在完了進行形は「動作」の継続を表すよ。
　　My parents have been growing apples since 1984.
　　(両親は1984年以来ずっと、リンゴを 育て続けています)

「have been＋動詞のing形」って複雑な形だなって思っていたけど、単に「現在完了形」と「現在進行形」が合わさったものなんですね。

高速組み立てトレーニング

練習するときは、赤色シートをかぶせてやってみてね。

🏃 高速穴埋めトレーニング 🔊137

手順1 日本語の文の音声と同じ意味になるよう、5秒間で（　　　）に適切な英語を入れよう。
手順2 合図の音が聞こえたら、英文をまるごと声に出して言ってみよう。
手順3 ポーズの後で、正解の音声が流れるのでリピートしよう。

例	私はちょうど報告書を終えたところです。	→ I (have) (just) (finished) my report.

💬 適切な英語を入れて言ってみよう！

1	ヘンリーとエマは長い間、お互いを知っています。	→ Henry and Emma (have) (known) each other for a long time.
2	その本はすでに返却しました。	→ I (have) (already) (returned) the book.
3	そのミュージカルは以前見たことがあります。	→ I (have) (seen) the musical before.
4	私は両親といっしょに山形を訪れたことがあります。	→ I (have) (visited) Yamagata with my parents.
5	高橋夫妻はメルボルンをちょうど出発しました。	→ Mr. and Mrs. Takahashi (have) (just) (left) Melbourne.
6	彼は生まれた時からずっと帯広に住んでいます。	→ He (has) (lived) in Obihiro since he was born.
7	すき焼きは2度食べたことがあります。	→ I (have) (eaten) sukiyaki twice.
8	祖父母は1975年からずっとイチゴを育て続けています。	→ My grandparents (have) (been) (growing) strawberries since 1975.
9	彼女はちょうどバスに乗ったところです。	→ She (has) (just) (got) (on) the bus.
10	トムはこのホテルに先週末からずっと滞在しています。	→ Tom (has) (been) (staying) at this hotel since last weekend.

高速並べ替えトレーニング 🔊

手順1 「Start!」の掛け声が聞こえたら、日本語の意味を表すように、(　　)内の与えられた単語を5秒間で並べ替えて、頭の中で英文を作ってみよう。文頭にくる単語の最初の文字も小文字で書かれています。

手順2 合図の音が聞こえたら、並べ替えて作った英文を声に出して言ってみよう。

1　彼らはその遊園地に3回行ったことがあります。
(been, times, park, the, they, amusement, three, have, to).

🔊 並べ替えて言ってみよう！

→ They have been to the amusement park three times.

2　私たちはちょうどその部屋の掃除を終えたところです。
(we, cleaning, the, just, room, finished, have).

→ We have just finished cleaning the room.

3　アナは長いこと、イタリア語の先生をしています。
(has, a, an, for, time, Anna, teacher, been, Italian, long).

→ Anna has been an Italian teacher for a long time.

4　何度か、佐藤先生のピアノのレッスンを受けたことがあります。
(Mr. Sato's, times, have, lessons, I, taken, several, piano).

→ I have taken Mr. Sato's piano lessons several times.

5　タカシは2012年からずっとカボチャを育て続けています。
(Takashi, 2012, pumpkins, since, been, has, growing).

→ Takashi has been growing pumpkins since 2012.

6　彼らの親戚はちょうど成田国際空港に到着したところです。
(at, International, just, relatives, Narita, have, Airport, arrived, their).

→ Their relatives have just arrived at Narita International Airport.

7　そのホラー映画は何度も見たことがあります。
(I, many, seen, movie, times, horror, have, the).

→ I have seen the horror movie many times.

8　メグは3時間、孫たちとトランプをしています。
(her, hours, has, cards, three, Meg, playing, for, been, with, grandchildren).

→ Meg has been playing cards with her grandchildren for three hours.

手順　聞こえてくる日本語の文を、瞬時に英語に言い換えよう。ポーズの後で解答例が流れます。

例　彼のことは長い間知っています。　→ I have known him for a long time.

🔊 英語で言ってみよう！

1　あの山には何度もひとりで登ったことがあります。　→ I have climbed that mountain alone many times.

2　ジョンとメアリーは私たちの町にちょうど引っ越してきたばかりです。　→ John and Mary have just moved to our town.

3　私はその水族館でたくさんの面白い魚を見たことがあります。　→ I have seen many interesting fish at that aquarium.

4　昨晩からずっと雨が降り続いています。　→ It has been raining since last night.

5　マイクは12歳のころからずっとこの国に住んでいます。　→ Mike has lived in this country since he was twelve years old.

🏃 高速組み立てチャレンジ！ の解答例

1. I have known Miwako for more than ten years.　2. We have just finished our presentation.　3. I have visited Singapore once.　4. My parents have been studying Chinese since 2005.　5. I have just arrived in New York.　6. My aunt has lived in Nagoya for 20 years.　7. It has been cold since last week.　8. I have lived in the suburbs of Tokyo before.　9. Takashi has been a translator for a long time.　10. My brother has just finished washing his car.

Lesson 32
現在完了形の疑問文と否定文の作り方

現在完了形の疑問文と否定文を作る方法を学びます。またまた「お助けマンhave」が大活躍します。

  高速組み立てチャレンジ！ 必ず制限時間内に！

次の日本語の文を瞬時に英文に直して言ってみよう。(解答例は231ページ)

例 ラクロスはやったことがありますか？

→ Have you played lacrosse?

1. 皿洗いは終えましたか？
2. 私たちはインドを一度も訪れたことがありません。
3. その試験を受ける決心をしましたか？
4. フレッド (Fred) は奈良に何年間住んでいますか？
5. 息子はまだひどい風邪から回復していません。
6. 娘さんの英語の先生と話をしたことはありましたか？
7. 今まで鳥取に行ったことがありますか？
8. 君はここでどれくらい待っているのですか？
9. こんなにも美しい風景は見たことがありません。
10. 今朝からずっと何をしていたの？

225

「お助けマンhave」を
移動させよ！

その映画を前に 見たことがありますか ?
Have you seen the movie before?

POINT 1 ▶ 「have＋動詞の『される形』」の文の疑問文では、「お助けマンhave」
を主語の前に移動させる！

Your parents have visited Saitama twice.

Have your parents visited Saitama twice?

How many times have your parents visited Saitama?

(あなたの両親は埼玉を何回 訪れたことがありますか ?)

Who has visited Saitama twice?

wh語が主語（孤独な第三者扱い）の場合は、語順はそのまま！

(誰が埼玉を2回 訪れたことがありますか ?)

POINT 2 ▶ 「have＋動詞の『される形』」の文の否定文は、「お助けマンhave」
に否定を表すnotをつけたhave notや、これを短くしたhaven't
を使う！

Your parents have not visited Okinawa.

(あなたの両親は沖縄を 訪れたことはありません)

Your parents haven't visited Okinawa. ←have notの短縮形

Your parents have never visited Okinawa.

「今まで一度も～ない」と言いたいときはneverを動詞の「される形」の直前につける！

(あなたの両親は沖縄を 一度も訪れたことがありません)

さらに詳しく学ぼう

POINT 1 「have ＋動詞の『される形』」の文の疑問文では、「お助けマンhave」を主語の前に移動させる！

 前回「お助けマンhave ＋動詞の『される形』」について教えていただきました。have が「お助けマン」ってことは、「お助けマンcan」(Lesson17) や「お助けマンwill」(Lesson 21) のように疑問文を作るときに使うんですよね。

 そのとおり。疑問文を作るときは「お助けマンhave」を主語の前に移動させるだけだよ。動作が現在までに完了したことを伝える次の文を疑問文にしてごらん。

Mr. and Mrs. Ito [have] [arrived] in Singapore.
(伊藤さん夫妻はシンガポールに到着したところです)

 「お助けマンhave」を、この文の主語のMr. and Mrs. Itoの前に移動させて、

[Have] Mr. and Mrs. Ito [arrived] in Singapore?

 大正解！　完了の疑問文では、「もう〜しましたか?」という意味を添えるyetもよくいっしょに使われるので、ついでに覚えておこうね。

[Have] Mr. and Mrs. Ito [arrived] in Singapore yet?
(伊藤さん夫妻はもうシンガポールに到着しましたか?)

「have ＋動詞の『される形』」の疑問文に答えるとき、「はい」の場合はYes, I have.、「いいえ」の場合はNo, I haven't. (=have not) でいいよ。

 今までの経験について述べるMr. and Mrs. Ito [have] [been] to Singapore. (伊藤さん夫妻はシンガポールに行ったことがあります) の疑問文もhaveを移動して、

[Have] Mr. and Mrs. Ito [been] to Singapore?

 そのとおり。疑問文では「これまで」という意味のeverといっしょに使われることも多いよ。

[Have] Mr. and Mrs. Ito ever [been] to Singapore?
(伊藤さん夫妻はこれまでシンガポールに行ったことがありますか?)

 「伊藤さん夫妻は10年間、金沢に住んでいますか?」という継続を表す文の疑問文も作り方はいっしょですね。

[Have] Mr. and Mrs. Ito [lived] in Kanazawa for 10 years?

じゃあ、「伊藤さん夫妻はどのくらいの間、金沢に住んでいますか?」は?

 for ten yearsのところの期間の情報を問えばいいから、ここをwh語「どのくらいの間」に直して、この一番知りたい情報を文頭に置けばいいですね。「どのくらいの間」は…?

 「howプラス」のhow longを使うんじゃないかな。

Mr. and Mrs. Ito have lived in Kanazawa どのくらいの間
Mr. and Mrs. Ito have lived in Kanazawa how long
How long Mr. and Mrs. Ito have lived in Kanazawa
　　↑ステップ1:「howプラス」を文頭に置く!
How long have Mr. and Mrs. Ito lived in Kanazawa?
　　　　↑ステップ2:「お助けマンhave」を主語の前に置く!

 まさにそのとおり! ついでに前回学んだMy parents have been growing apples since 1984.の疑問文の作り方も同様だよ。次の文で確認しておいてね。

How long have your parents been growing apples?
(あなたの両親はどれくらいの間、リンゴを 育て続けていますか ?)

POINT 3 「have＋動詞の『される形』」の文の否定文は、「お助けマンhave」に否定を表すnotをつけたhave notや、これを短くしたhaven't を使う!

 「have+動詞の『される形』」の文の否定文は、「お助けマンhave」に否定を表すnotをつけたhave notや、これを短くしたhaven'tを使うだけですね。「伊藤さん夫妻はまだシンガポールに到着していません。」は

Mr. and Mrs. Ito have not arrived in Singapore.
または Mr. and Mrs. Ito haven't arrived in Singapore.

 そう。完了を伝える文の疑問文で「もう」という意味で使っていたyetは、否定文では「まだ」という意味を強調するのによく用いられるよ。

Mr. and Mrs. Ito haven't arrived in Singapore yet.

経験を表す文Mr. and Mrs. Ito have been to Singapore.の否定文はMr. and Mrs. Ito have not been to Singapore.だけど、「一度も～ない」と強調したいときはneverを動詞の「される形」の直前につけるといいよ。

Mr. and Mrs. Ito have never been to Singapore.
(伊藤さん夫妻はシンガポールに 一度も行ったことがありません)

高速組み立てトレーニング

練習するときは、
赤色シートをかぶ
せてやってみてね。

高速穴埋めトレーニング 🔈141

手順1　日本語の文の音声と同じ意味になるよう、5秒間で（　　）に適切な英語を入れよう。
手順2　合図の音が聞こえたら、英文をまるごと声に出して言ってみよう。
手順3　ポーズの後で、正解の音声が流れるのでリピートしよう。

例	宿題は終えましたか？	➜ (Have) (you) (finished) your homework?

💬 適切な英語を入れて言ってみよう！

1	これまで一目ぼれをしたことはありますか？	➜ (Have) you ever (fallen) in love at first sight?
2	このホテルにはどれくらい長く滞在していますか？	➜ (How) (long) (have) (you) (been) (staying) at this hotel?
3	ハワイには一度も行ったことがありません。	➜ I (have) (never) (been) to Hawaii.
4	10日間ずっと雪が降っているのですか？	➜ (Has) it (been) (snowing) for ten days?
5	留学したことはありますか？	➜ (Have) (you) (studied) abroad?
6	アリサとは知り合ってどれくらいになりますか？	➜ (How) (long) (have) (you) (known) Arisa?
7	その飛行機はもう離陸しましたか？	➜ (Has) the plane (taken) (off) yet?
8	今まで日光に行ったことがありますか？	➜ (Have) you ever (been) to Nikko?
9	先月以来、孫には会っていません。	➜ I (have) (not) (seen) my grandchildren since last month.
10	もう上司には話をしましたか？	➜ (Have) (you) (talked) to your boss yet?

高速並べ替えトレーニング 142

手順1 「Start!」の掛け声が聞こえたら、日本語の意味を表すように、( )内の与えられた単語を5秒間で並べ替えて、頭の中で英文を作ってみよう。文頭にくる単語の最初の文字も小文字で書かれています。

手順2 合図の音が聞こえたら、並べ替えて作った英文を声に出して言ってみよう。

1　私は息子の宿題を一度も手伝ったことがありません。
(helped, his, have, my, I, homework, never, son, with).

🗨 並べ替えて言ってみよう！

→ I have never helped my son with his homework.

2　なくした財布はもう見つかりましたか？
(have, wallet, you, yet, lost, found, your)?

→ Have you found your lost wallet yet?

3　誰が娘さんに英語を教えていますか？
(English, your, taught, to, has, daughter, who)?

→ Who has taught English to your daughter?

4　ヘレンは転職することを決めましたか？
(Helen, change, up, to, mind, jobs, has, made, her)?

→ Has Helen made up her mind to change jobs?

5　100人を超える人がその仕事に応募したのですか？
(applied, the, have, 100, job, people, than, for, more)?

→ Have more than 100 people applied for the job?

6　その会社にはどれくらい勤めているのですか？
(long, for, company, working, you, the, how, have, been)?

→ How long have you been working for the company?

7　あれほどひどい交通事故は見たことがありません。
(a, seen, accident, have, such, traffic, I, terrible, never).

→ I have never seen such a terrible traffic accident.

8　昨晩からずっとどこにいたのですか？
(since, you, night, where, last, been, have)?

→ Where have you been since last night?

🏃 高速レスポンス 🔊143

手順　聞こえてくる日本語の文を、瞬時に英語に言い換えよう。ポーズの後で解答例が流れます。

例　彼のことはどれくらいの間、知って　→ How long have you known him?
　　いますか？

💬 英語で言ってみよう！

1　ヨーロッパの国々は一度も訪れたこと　→ I have never visited any
　　がありません。　　　　　　　　　　　European countries.
2　これまで船酔いしたことはあります　→ Have you ever got seasick?
　　か？
3　これまでのところ、何人の人がその仕　→ How many people have
　　事に応募しましたか？　　　　　　　　applied for the job so far?
4　その雑誌はまだ読み終わっていません。→ I haven't finished reading the
　　　　　　　　　　　　　　　　　　　　magazine yet.
5　彼のオンラインの英語レッスンは何回　→ How many times have you
　　受けましたか？　　　　　　　　　　　taken his online English
　　　　　　　　　　　　　　　　　　　　lessons?

🐾 高速組み立てチャレンジ！ の解答例

1. Have you finished washing the dishes?　　2. We have never visited India.
3. Have you decided to take that exam?　　4. How many years has Fred lived in Nara?
5. My son hasn't recovered from a bad cold yet.　　6. Have you talked with your
daughter's English teacher?　　7. Have you ever been to Tottori?　　8. How long have
you been waiting here?　　9. I have never seen such a beautiful scene.　　10. What have
you been doing since this morning?

Lesson 33 　主格の関係代名詞

whoやwhichを使って名詞に説明を加える方法を学びます。この
whoやwhichが抜けると、とんちんかんな英語になってしまうので要
注意。

 🏃 **高速組み立てチャレンジ！** 必ず制限時間内に！ 144▶ ⏱60秒

次の日本語の文を<u>関係代名詞を使って</u>瞬時に英文に直して言ってみよう。

（解答例は236ページ）

例 歌が上手な男の子　➡　the boy who sings well

1. 私の父に似た男性

2. 料理が得意な女の子

3. 9時から6時まで開いている本屋

4. トランペットを上手に演奏できる女性

5. 公園でラグビーをしている男の子たち

6. 留学したことのない生徒たち

7. ピーター（Peter）と一緒に走っているその黒いイヌ

8. 私たちのホテルに4日間滞在したお客様

9. 環境にやさしい製品を作っている会社

10. プロのダンサーとして有名だった女性

232

| Today's Mission | 「接着剤who」で説明を加えよ！ |

英語が上手に話せる女の子
the girl who can speak English well

POINT 1　「〜している人」と言いたいときには、「人」を先に言ってから、「接着剤who」をつけて、「(その人は)〜している」という説明を加えていきます。

the girl ← the girl can speak English well ⟨ the girlに説明を加える

女の子　← その女の子は英語が上手に話せる

| the girl | the girl can speak English well | ⟨ 2つの部分をくっつける

↓　←…… 重なり部分 をのりしろとして使用

| the girl | who | can speak English well |

（英語が上手に話せる女の子）

POINT 2　「〜しているモノ」と言いたいときには、「モノ」を先に言ってから、「接着剤which」または「接着剤that」をつけて、「(そのモノは)〜している」という説明を加えていきます。

the bus ← the bus goes to the park ⟨ the busに説明を加える

バス　　← そのバスは公園に行きます

| the bus | the bus goes to the park | ⟨ 2つの部分をくっつける

↓　←…… 重なり部分 をのりしろとして使用

| the bus | which | goes to the park |　（公園に行くバス）

さらに詳しく学ぼう

POINT 1 「〜している人」と言いたいときには、「人」を先に言ってから、「接着剤who」をつけて、「(その人は) 〜している」という説明を加えていきます。

この間、人を後ろから説明する表現を学んだけど、覚えてる?

もちろんです。「公園にいる人々」は、前置詞inを伴う語句のまとまりが後ろから「人々」を説明して、people in the park (Lesson 27)、「公園で踊っている少年たち」は、動詞のing形を使って後ろから「少年たち」を説明して the boys dancing in the park (Lesson 28) でした。

そうだね。今日は同じように人を後ろから説明する表現をさらに増やしていくよ。「英語が上手に話せる女の子」は何て言うかな?

これまでと同じ作り方だとすると、英語の場合はまず説明される言葉をズバリ先に述べて、それからその言葉に説明を加えていくので、まずはthe girlと言います。

そのとおり。the girlがどんな「女の子」か説明を加えると、「その女の子は英語が上手に話せる」んだね。じゃあ、「その女の子は英語が上手に話せます」という文は英語で何と言う?

「お助けマンcan」の出番ですね。The girl can speak English well.です。

そう。「英語が上手に話せる女の子」を英語で言いたいときには、まずthe girlと言っておいてから、「その女の子はどんな子かというとね…」というように考えて、次のような英語を頭に浮かべるといいよ。

the girl ← the girl can speak English well
　　　　　　　↑重なり部分

そして、この2つの部分をくっつけるために、重なり部分の2つ目のthe girlを「のりしろ」にして、この「のりしろ」に接着剤を塗るとイメージしよう。

 接着剤ですか？

そう。どんな人なのか、「(その人は) 〜している」と説明を加えるときの接着剤は「接着剤who」だよ。文法用語では「関係代名詞のwho」という言い方をするけどね。この「接着剤who」を「のりしろ」部分に塗って、2つの部分をくっつけると次のような名詞のかたまりが完成するよ。

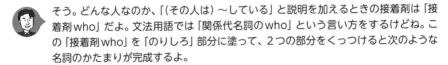

なるほど。the girlという名詞を接着剤who以下が説明して、より大きな名詞のかたまりができるというわけですね。

people in the park や the boys dancing in the park という名詞のかたまりが文の主語や目的語の位置で使用できたように、 the girl who can speak English well も同様に使えるんだよ。

The girl who can speak English well is my sister's classmate.
英語が上手に話せるその女の子 は私の姉の同級生です。

I'm looking for the girl who can speak English well .
私は 英語が上手に話せるその女の子 を探しているところです。

POINT 2 「〜しているモノ」と言いたいときには、「モノ」を先に言ってから、「接着剤which」または「接着剤that」をつけて、「(そのモノは) 〜している」という説明を加えていきます。

人ではなく、「〜しているモノ」と言いたいときも「接着剤who」は使えますか？

モノを説明するときに使うのは「接着剤which」あるいは「接着剤that」だよ。「公園に行くバス」は、the busとまず言ってから、「そのバスはどんなバスかというとね…」というように考えて、次のような英語を頭に浮かべてみよう。

the bus　←　the bus goes to the park
　　　　　　　↑重なり部分

この2つの部分をくっつけるために、重なり部分の2つ目のthe busを「のりしろ」にするんだ。「のりしろ」に「接着剤which」あるいは「接着剤that」を塗って、1つの大きな名詞のかたまりを作ればいいよ。

the bus which goes to the park
the bus that goes to the park

235

高速並べ替えトレーニング 🔊 145

手順1 「Start!」の掛け声が聞こえたら、日本語の意味を表すように、(　　　) 内の与えられた単語を5秒間で並べ替えて、英語で「名詞のかたまり」を作って言ってみよう。

手順2 ポーズの後で、正解の音声が流れるのでリピートしよう。

1　初めて東京を訪れているビジネスパーソン
(visiting, time, Tokyo, the, the, is, businessperson, for, who, first)

🔊 並べ替えて言ってみよう！
→ the businessperson who is visiting Tokyo for the first time

2　ティーンエイジャーに人気のカフェテリア
(with, the, is, teenagers, is, cafeteria, which, popular)

→ the cafeteria which is popular with teenagers

3　皆に知られている俳優
(known, everyone, who, actor, to, is, the)

→ the actor who is known to everyone

4　3か国語以上話せる子供たち
(the, languages, children, two, more, speak, who, than, can)

→ the children who can speak more than two languages

5　健康によい野菜
(for, which, vegetables, health, the, good, are, our)

→ the vegetables which are good for our health

高速組み立てチャレンジ！ の解答例

1. the man who takes after my father　　2. the girl who is good at cooking　　3. the bookstore which is open from 9 to 6　　4. the woman who can play the trumpet well
5. the boys who are playing rugby in the park　　6. the students who have never studied abroad　　7. the black dog which is running with Peter　　8. the guests who stayed at our hotel for four days　　9. the company which makes eco-friendly products　　10. the woman who was famous as a professional dancer

高速ハンティング・トレーニング 🔊 146

（日本語訳は247ページ）

手順1 「Start!」の掛け声が聞こえたら、文中から「関係代名詞を伴う名詞のかたまり」を3秒間で探し出して言ってみよう。

手順2 ポーズの後で、正解の音声が流れるのでリピートしよう。

例	Are they the boys who won the tennis match last year?	→ the boys who won the tennis match last year

🔊 探し出して言ってみよう！

1	The man who called you the other day will come to our office tomorrow.	→ The man who called you the other day
2	Do you know the woman who is watering the flowers over there?	→ the woman who is watering the flowers over there
3	We went to the Japanese restaurant that opened last month.	→ the Japanese restaurant that opened last month
4	The boy who is standing over there can speak Spanish fluently.	→ The boy who is standing over there
5	Where can I buy the fashion magazine which is popular with American women?	→ the fashion magazine which is popular with American women
6	The dictionary which was published by the company has so many mistakes.	→ The dictionary which was published by the company
7	Is that the bus that goes to the shopping mall?	→ the bus that goes to the shopping mall
8	We are looking for someone who is fluent in both English and French.	→ someone who is fluent in both English and French

🏃 高速構造解析トレーニング 🔊147

手順 次の英文は動詞が抜けた不完全な文になっています。[　]内の動詞を文中の適切な場所に5秒間で補い、文を完成させて言ってみよう。

（日本語訳は247ページ）

例	The man who moved to our town yesterday Terry's son. [is]	→ The man who moved to our town yesterday is Terry's son.

🗨 文を完成させて言ってみよう！

1	Tomorrow I will the man who has just come back from Egypt. [meet]	→ Tomorrow I will meet the man who has just come back from Egypt.
2	The dog which is chasing the cat not Jim's. [is]	→ The dog which is chasing the cat is not Jim's.
3	Have you the book which is popular among children? [read]	→ Have you read the book which is popular among children?
4	What the name of the song which was sung by that actor on TV? [is]	→ What is the name of the song which was sung by that actor on TV?

🏃 高速レスポンス 🔊148

手順 聞こえてくる日本語の文を、関係代名詞を使って瞬時に英語に言い換えよう。

例	ピアノの演奏をちょうど終えたあの女性をご存知ですか？	→ Do you know the woman who has just finished playing the piano?

🗨 英語で言ってみよう！

1	市役所に行くバスはどっちですか？	→ Which is the bus that goes to the city hall?
2	大阪で開かれている定例会議は今回はキャンセルになるでしょう。	→ The regular meeting which is held in Osaka will be canceled this time.
3	あれが100年前に建てられた博物館です。	→ That is the museum which was built 100 years ago.
4	すごく悲しそうだったその女の子を忘れることができません。	→ I can't forget the girl who looked so sad.
5	昨日一等賞を獲得した生徒はアメリカ大使館に招待されるでしょう。	→ The student who won the first prize yesterday will be invited to the American Embassy.

Lesson 34　目的格の関係代名詞

関係代名詞の主格に続いて、今回は、「昨日会った女の子」のような、目的語を伴う表現に関係代名詞を使う際の語順を学びます。

 高速組み立てチャレンジ！ 必ず制限時間内に！ 149 (60秒)

次の日本語の文を<u>関係代名詞を使って</u>瞬時に英文に直して言ってみよう。

(解答例は243ページ)

例 私がとてもよく知っている男の子

→ the boy who I know very well

1. 私が今朝乗りそこなったバス

2. 私たちが2年前に訪れた外国

3. 電車でよく見かける女の子

4. ナオがこのあいだの土曜日に買った冷蔵庫

5. 先日あなたが話しかけていた政治家

6. ブラウン先生（Ms. Brown）が私たちに推薦した英語の辞書

7. 夏休み中に彼らが訪れたその国立公園

8. 私たちが作ったばかりの旅行計画

9. 中島夫妻が築地への行き方をたずねた背の高い男性

10. 私たちが先月一緒に旅行したカナダ人のカップル

「ジャンプ＋接着剤who」で
説明を加えよ！

私が昨日会った女の子
the girl who I met yesterday

POINT 1 「〜が…する人」と言いたいときには、「人」を先に言ってから、「接着剤who」をジャンプした「のりしろ」につけて、「〜が…する」という説明を加えていきます。

the girl ← I met the girl yesterday ＜ the girlに説明を加える

女の子 ← 私はその女の子に昨日会った

| the girl | | I met **the girl** yesterday | ＜ 2つの部分をくっつける

←…… 重なり部分 を移動する

| the girl | | the girl I met yesterday |

↓ ←……移動した 重なり部分 をのりしろとして使用する

| the girl | | **who** | | I met yesterday | （私が昨日会った女の子）

POINT 2 「〜が…するモノ」と言いたいときには、「モノ」を先に言ってから、「接着剤which」または「接着剤that」をジャンプした「のりしろ」につけて、「〜が…する」という説明を加えていきます。

the bus ← I took the bus yesterday ＜ the busに説明を加える

バス ← 私はそのバスに昨日乗りました

| the bus | | I took **the bus** yesterday | ＜ 2つの部分をくっつける

←…… 重なり部分 を移動する

| the bus | | the bus I took yesterday |

↓ ←……移動した 重なり部分 をのりしろとして使用する

| the bus | | **which** | | I took yesterday | （私が昨日乗ったバス）

240

さらに詳しく学ぼう

POINT 1 「～が…する人」と言いたいときには、「人」を先に言ってから、「接着剤 who」をジャンプした「のりしろ」につけて、「～が…する」という説明を加えていきます。

前回は「英語が上手に話せる女の子」のように、どんな「女の子」かを説明する表現を学んだね。覚えているかな？

はい。まず、the girl と言ってから、どんな女の子かを説明するんでしたね。その女の子については、The girl can speak English well. と言えるので、重複する The girl を「のりしろ」にし、そこに人の説明を追加するのに使う「接着剤 who」を塗って、the girl who can speak English well にするんでしたね。

ちゃんと復習してきたね。今回は「接着剤 who」に再度登場してもらって、「女の子」について説明する表現の幅を広げていこう。じゃあ、「私が昨日会った女の子」はどう言えばいいと思う？

日本語では、説明される「女の子」が一番後ろですが、英語では最初に the girl と言うんですよね。そして、どんな「女の子」なのかを考えると、「私はその女の子に昨日会いました」ってことなので、

the girl ← I met the girl yesterday
　　　　　　　　↑重なり部分

いいね。そして、この2つの部分をくっつけるためにはどうする？

重なり部分の2つ目の the girl を「のりしろ」にして…あれっ？でも「のりしろ」の the girl の前には I met という表現があって、「のりしろ」が離れちゃいますね。

サキさん、いいところに気づいたね。この場合、「のりしろ」の the girl を移動させて、1つ目の the girl のすぐ後ろに置くんだ。

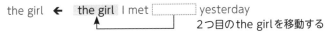

the girl ← the girl I met ⬚⬚⬚⬚ yesterday
　　　　　　　　　　　　　　　　　2つ目の the girl を移動する

「のりしろ」部分が前に出てきたので、接着剤でくっつけられますね。

241

そう。どんな人なのか、「〜が…する人」と説明を加えるときの接着剤は「接着剤who」なので、「のりしろ部分」に塗って、2つの部分をくっつけよう。

the girl | who | I met yesterday

前回学んだthe girl who can speak English wellは「接着剤who」が後ろの説明文の「主語」だったのに対し、今回の「接着剤who」はI met the girl yesterday.に元々あったthe girlに塗ることになるので、主語ではなく「〜に」とか「〜を」という「目的語」だったのですね。

そのとおり。昔は目的語に対しては「接着剤whom」を使っていたんだけど、最近は「接着剤who」のほうがよく使われるよ。そして the girl who I met yesterday で「私が昨日会った女の子」という「名詞のかたまり」なので、文の主語や目的語の位置で使用できるよ。

The girl who I met yesterday lives in this neighborhood.
私が昨日会った女の子は この近所に住んでいます。

Do you want to know more about the girl who I met yesterday ?
私が昨日会った女の子 についてもっと知りたいですか？

POINT 2 「〜が…するモノ」と言いたいときには、「モノ」を先に言ってから、「接着剤which」または「接着剤that」をジャンプした「のりしろ」につけて、「〜が…する」という説明を加えていきます。

「〜が…するモノ」と言いたいときは「接着剤who」でなく、前回習った「接着剤which」や「接着剤that」を使いますか？

そう。「私が昨日乗ったバス」は、the busとまず言ってから、「そのバスはどんなバスかというとね…」というように考えて、次のような英語を頭に浮かべてみよう。

the bus ← I took the bus yesterday
　　　　　　　　↑重なり部分

この2つの部分をくっつけるために、重なり部分の2つ目のthe busを「のりしろ」にするんだけど、「のりしろ」が離れているので、「のりしろ」を移動させて、the bus I took yesterdayとしてから、「のりしろ」に「接着剤which」あるいは「接着剤that」を塗って、1つの大きな名詞のかたまりを作れば完成だ。

the bus | which | I took yesterday
the bus | that | I took yesterday

高速組み立てトレーニング

> 練習するときは、赤色シートをかぶせてやってみてね。

高速並べ替えトレーニング 🔊150

手順1　「Start!」の掛け声が聞こえたら、日本語の意味を表すように、（　）内の与えられた単語を5秒間で並べ替えて、英語で「名詞のかたまり」を作って言ってみよう。

手順2　ポーズの後で、正解の音声が流れるのでリピートしよう。

1 ボブが買いたかった日本の車
(Bob, to, Japanese, buy, wanted, the, car, which)
→ 並べ替えて言ってみよう！
the Japanese car which Bob wanted to buy

2 私が去年付き合っていた男性
(with, year, man, out, last, who, went, I, the)
→ the man who I went out with last year

3 ミオの父が5年前に設計した建物
(the, five, which, ago, Mio's father, years, building, designed)
→ the building which Mio's father designed five years ago

4 私たちが2010年から聴いているラジオの英語番組
(since, we, to, the, have, program, 2010, listened, radio, which, English)
→ the English radio program which we have listened to since 2010

5 先日彼らがたまたま出会った会社の社長
(across, day, the, the, president, other, company, they, who, came)
→ the company president who they came across the other day

高速組み立てチャレンジ！ の解答例

1. the bus which I missed this morning　　2. the foreign country which we visited two years ago　　3. the girl who I often see on the train　　4. the fridge which Nao bought last Saturday　　5. the politician who you talked to the other day　　6. the English dictionary which Ms. Brown recommended to us　　7. the national park which they visited during the summer vacation　　8. the travel plan which we have just made　　9. the tall man who Mr. and Mrs. Nakajima asked the way to Tsukiji　　10. the Canadian couple who we traveled with last month

高速ハンティング・トレーニング 🔊 151

手順1 「Start!」の掛け声が聞こえたら、文中から「関係代名詞を伴う名詞のかたまり」を3秒間で探し出して言ってみよう。

手順2 ポーズの後で、正解の音声が流れるのでリピートしよう。

（日本語訳は247ページ）

例	I want you to meet the man who Mr. Suzuki introduced to me.	→ the man who Mr. Suzuki introduced to me

🔊 探し出して言ってみよう！

1	The boy who I taught science is now the principal of that elementary school.	→ The boy who I taught science
2	The camera which I bought for my son is out of order.	→ The camera which I bought for my son
3	Have you ever visited the country which your sister used to live in?	→ the country which your sister used to live in
4	What's wrong with the young man who you met at the dinner party?	→ the young man who you met at the dinner party
5	Is the girl who Jane is dancing with Paul's niece?	→ the girl who Jane is dancing with
6	The gym which we used for our badminton practice is closing soon.	→ The gym which we used for our badminton practice
7	I finally met the teacher who Mr. Kudo always talked about.	→ the teacher who Mr. Kudo always talked about
8	What is the name of the city which we visited at the end of May?	→ the city which we visited at the end of May

🏃 高速構造解析トレーニング 🔊152

手順 次の英文は動詞が抜けた不完全な文になっています。[　]内の動詞を文中の適切な場所に5秒間で補い、文を完成させて言ってみよう。

(日本語訳は247ページ)

例 The man who we met at the party will to our office tomorrow. [come]
→ The man who we met at the party will <u>come</u> to our office tomorrow.

🗨 文を完成させて言ってみよう！

1 I don't the grapes which my uncle sent to us. [like]
→ I don't <u>like</u> the grapes which my uncle sent to us.

2 The laptop computer which Terry bought yesterday very expensive. [was]
→ The laptop computer which Terry bought yesterday <u>was</u> very expensive.

3 The post office which my mother used to work for over there. [is]
→ The post office which my mother used to work for <u>is</u> over there.

4 Ann's plan which we all agreed to rejected by the board members. [was]
→ Ann's plan which we all agreed to <u>was</u> rejected by the board members.

🏃 高速レスポンス 🔊153

手順 聞こえてくる日本語の文を、<u>関係代名詞を使って</u>瞬時に英語に言い換えよう。

例 ルーシーのパーティーで会った男性をどう思いますか？
→ What do you think of the man we met at Lucy's party?

🗨 英語で言ってみよう！

1 あれがその有名なお笑い芸人が卒業した高校です。
→ That is the high school which the famous comedian graduated from.

2 君が解けない数学の問題について伊藤先生 (Mr. Ito) に聞いてみれば？
→ Why don't you ask Mr. Ito about the math problem which you can't solve?

3 これは私が持っている富士山の写真で最高のものです。
→ This is the best picture of Mount Fuji that I have.

4 私は息子が先日とったテストの得点に満足していません。
→ I'm not satisfied with the test score which my son got the other day.

5 駅でよく見かける男性が私に話しかけてきました。
→ The man who I often see at the station spoke to me.

Lesson 7
高速穴埋め音読トレーニング
例) ケンはサッカーをします。
1. ナディアはスペイン語を話します。
2. ダニエルは東京に住んでいます。
3. オリビアは英語を教えています。
4. ヘンリーは日本語を勉強しています。
5. ベスには兄弟が2人います。
6. トムは本をたくさん読みます。
7. エミリーは11時に寝ます。
8. 一郎は毎日お風呂に入ります。

Lesson 9
高速穴埋め音読トレーニング
1. これは祖父母の写真です。
   彼らはハワイに住んでいます。
   私は毎年夏に彼らを訪問します。
   彼らの家は大きなテニスコートの近くにあります。
   私は彼らとテニスをします。
2. これは私の英語の先生の写真です。
   彼女の名前はキャシーです。
   彼女はオーストラリア出身です。
   彼女はとても親切です。
   私は彼女が大好きです。

Lesson 24
高速ハンティング・トレーニング
例) 私はゴルフ観戦を楽しんでいます。
1. 私の趣味は月の写真を撮ることです。
2. 数学の宿題はやり終えたのですか。
3. 佐藤夫妻は中国語の勉強を始めました。
4. 雪の中で自転車に乗るのは危険です。
5. 私の兄は海水浴が好きです。
6. 子供とサッカーをするのはとても楽しいです。
7. 愛子は3つの外国語を楽しく勉強しています。
8. 英字新聞を読むのは難しいです。
高速構造解析トレーニング
例) 英語の歌を歌うのは楽しいです。
1. 私の父の仕事は本を執筆することです。
2. 2つの外国語を勉強するのは難しいです。
3. 英語で手紙を書くのは私には容易ではなかったです。
4. 祖父の趣味は写真を撮ることでした。
5. その古い街を訪れるのは楽しかったです。

Lesson 25
高速並べ替えトレーニング
例) 私はリンゴを食べたいです。

1. 私は富士山に登りたいです。
2. 父の仕事は病気の人々を救うことです。
3. エマは日本のポップカルチャーについて学ぶのが
   好きです。
4. 私の夢は美容師になることです。
5. サムは新しい日本語の辞書を買いたいのです。
6. テレビゲームをするのはとても楽しいです。
7. 叔母はコーヒーを飲むのはやめようと決めました。
8. 私は将来音楽の先生になりたいです。
高速構造解析トレーニング
例) 私の仕事は野菜を売ることです。
1. 私の夢はプロのサッカー選手になることです。
2. 卓球をするのはとても楽しいです。
3. 私の望みはニュージーランドに住むことです。
4. この質問に答えるのはそれほど難しくありません。
5. 私の叔父の仕事は貧しい人々を助けることでした。

Lesson 27
高速ハンティング・トレーニング
例) ソファに座っている青年を知っていますか。
1. ピンクの帽子をかぶった女の子は私の妹です。
2. あの青いビルの名前を教えて。
3. ノートの上の辞書は私のものです。
4. これはガールフレンドへの誕生日プレゼントです。
5. 古い友人からもらった手紙を何通か見つけました。
6. 舞台の上のあのハンサムな男性は誰ですか。
7. 壁にかかっている絵を見て。
8. ニュージーランドから来たその少年たちは日本語
   をとても上手に話します。
高速構造解析トレーニング
例) 鈴をつけたネコは寝ています。
1. 郵便局の近くのあの茶色いビルは書店です。
2. 黒い帽子をかぶった男性は私たちの新しい数学の
   先生です。
3. あれは祖父母からの贈り物でした。
4. 屋根の上に止まった美しい鳥たちがさえずってい
   ます。
5. アンナはあの黒い犬を連れた女性です。

Lesson 28
高速ハンティング・トレーニング
例) ソファで寝ている男性を知っていますか。
1. メキシコで話されているのは何語ですか。
2. 私たちの学校を訪問中の子供たちはインドから来
   ています。
3. これは多くの看護師たちに読まれている雑誌ですか。
4. 私たちはスーパーで売られているパイナップルを

食べました。
5. あそこでバナナを食べているサルを見て。
6. 北海道で育った野菜をたくさん買いました。
7. 木の下で本を読んでいる男性は誰ですか。
8. 美和子が作ったこれらのケーキはとてもおいしいです。

高速構造解析トレーニング
例) 韓国製の車を買ったのは誰ですか。
1. そのアーティストが描いた絵には高い値がついています。
2. その赤い車を運転していた男性は何と言いましたか。
3. これは先月出版された英語の辞書ですか。
4. ナオは先週、中国語で書かれた手紙を受け取りました。
5. あなたの息子さんとギターを弾いている男性は何歳ですか。

Lesson 30
高速連結トレーニング
[Part 1]
1. 高すぎるからその車は買えません。
2. 琵琶湖が見たかったので滋賀県に行きました。
3. 酒井健太という名前なので彼のあだ名はサカケンです。
4. スキーが趣味なのでアダムは冬が好きです。
5. 友人がマドリッドに住んでいるので私たちはスペインに行く予定です。
6. 日本の漫画が好きなのでケイトは日本に興味を持っています。
[Part 2]
1. 私が電話をかけた時、姉はテレビを見ているところでした。
2. 名前を呼ばれたら「ここです」と言ってね。
3. 去年の夏、青森に行った時にねぶた祭りを見ました。
4. このすごいニュースを聞いたらルークは喜ぶでしょう。
5. ケンは10歳の時に脚の骨を折りました。
6. 眠たい時には絶対に車は運転しません。

Lesson 33
高速ハンティング・トレーニング
例) 彼らは去年テニスの試合に勝った少年たちですか。
1. 先日あなたに電話をかけてきたその男性が、明日われわれのオフィスにやって来ます。
2. あそこで花に水をやっている女性を知っていますか。
3. 私たちは先月開店したその和食の店に行きました。
4. あそこに立っている少年はスペイン語を流ちょう

に話せます。
5. アメリカの女性に人気のそのファッション誌はどこで買えますか。
6. その会社から出版された辞書には間違いがたくさんあります。
7. あれはショッピングモールまで行くバスですか。
8. 私たちは英語とフランス語の両方に堪能な人を探しています。

高速構造解析トレーニング
例) 昨日私たちの町に越してきた男性はテリーの息子さんです。
1. エジプトから帰国したばかりの男性に明日会う予定です。
2. ネコを追っかけているその犬はジムのではありません。
3. 子供たちに人気のその本を読みましたか。
4. その俳優がテレビで歌った歌の題名は何ですか。

Lesson 34
高速ハンティング・トレーニング
例) 鈴木さんが私に紹介してくれた男性にあなたにも会って欲しいです。
1. 私が理科を教えた少年は、今その小学校の校長先生です。
2. 息子に買ってあげたカメラは故障中です。
3. あなたのお姉さんが以前住んでいた国を訪れたことはありますか。
4. ディナーパーティーで会ったその青年に何の問題があるのですか。
5. ジェーンと一緒に踊っている女の子はポールの姪御さんですか。
6. 私たちがバドミントンの練習に使っていたその体育館はもうすぐ閉館するそうです。
7. 工藤さんがいつも話題にしていたその先生について会いました。
8. 5月の末にわれわれが訪れた都市の名前は何でしたっけ。

高速解析トレーニング
例) パーティーで会ったその男性は明日われわれのオフィスに来る予定です。
1. 叔父が私たちに送ってくれたぶどうは私の好みではありません。
2. テリーが昨日購入したノートパソコンはとても高価でした。
3. 私の母が以前勤めていた郵便局はあそこです。
4. 私たちが全員一致で賛同したアンの企画は重役会議で却下されました。

高山芳樹（たかやま・よしき）
東京学芸大学教授。（株）イーオン勤務後、学習院高等科教諭、立教大学専任講師などを経て、現職。専門は英語教育学。主な著書に『高校英語授業を変える！』（共著・アルク）、『総合英語One』（監修・アルク）など。中学校、高等学校の検定教科書の編集にも携わる。2014年度NHKラジオ「エンジョイ・シンプル・イングリッシュ」監修。2015年度よりNHK Eテレ「エイエイGO！」、2020年度より「おもてなし即レス英会話」の講師を務める。

語順が決め手！ 鬼の英文組み立てトレーニング

発行日　　　：2020年4月24日（初版）
著　者　　　：高山芳樹
編　集　　　：英語出版編集部
編集協力　　：高津由紀子
校　正　　　：Peter Branscombe、渡邊真理子
装　丁　　　：山口桂子（atelier yamaguchi）
本文デザイン：株式会社創樹
イラスト　　：矢戸優人
写真撮影　　：横関一浩
（著者ポートレート）
ナレーション：Julia Yermakov、Howard Colefield、なつめふみよ
録音・編集　：株式会社メディアスタイリスト
DTP　　　　：株式会社創樹
印刷・製本　：萩原印刷株式会社

発行者：田中伸明
発行所：株式会社アルク
　　　　〒102-0073　東京都千代田区九段北4-2-6　市ヶ谷ビル
　　　　Website：https://www.alc.co.jp/

● 落丁本、乱丁本は弊社にてお取り替えいたしております。
　Webお問い合わせフォームにてご連絡ください。
　https://www.alc.co.jp/inquiry/

地球人ネットワークを創る

アルクのシンボル
「地球人マーク」です。